El Perdón

SALMO PAULINO

Salmo 32

C.H.Spurgeon

Editor Eliseo Vila

COLECCIÓN SALMOS

El Tesoro de David

EDITORIAL CLIE
C/ Ferrocarril, 8
08232 VILADECAVALLS
(Barcelona) ESPAÑA
E-mail: clie@clie.es
http://www.clie.es

COLECCIÓN SALMOS

EL PERDÓN
ISBN: 978-84-8267-991-4
Depósito legal: B 16589-2016
VIDA CRISTIANA
Crecimiento espiritual
Referencia: 224951

1

⎯⎯⎯⎯⎯⎯⎯⎯⎯⎯⎯⎯⎯⎯⎯

Tí**tulo:** *"Salmo de David. Masquil"*. Que fue David quien escribió este salmo gloriosamente evangélico, queda probado no sólo por el propio título, sino también por las palabras del apóstol Pablo a los romanos: *"Como también David habla de la bienaventuranza del hombre a quien Dios atribuye justicia sin obras, diciendo: «Bienaventurados aquellos cuyas iniquidades son perdonadas, y cuyos pecados son cubiertos. Bienaventurado el varón a quien el Señor no inculpa de pecado".*[1] Probablemente la contrición y profundo arrepentimiento de su gran pecado,[2] fue seguido por una paz bienaventurada que lo condujo a derramar su espíritu en la suave música de este cántico escogido. En el orden cronológico parece seguir, por tanto, al cincuenta y uno.

Masquil[3] es un título nuevo para nosotros, ya que aparece por primera vez en este salmo.[4] Indica que se

---

[1] Romanos 4:6-8.

[2] En este sentido puede considerarse una secuela del Salmo 51, como dice Ryrie.

[3] En hebreo מַשְׂכִּיל *maśkîl*.

[4] Los salmos *Masquil* son el 32; 42; 44; 45; 52; 53; 54; 55; 74; 78; 88; 89 y 142.

trata de un salmo pedagógico, instructivo o didáctico.[5]

La experiencia de un creyente siempre aporta valiosas

enseñanzas a otros, revela las huellas del rebaño, y por

---

[5] La *Septuaginta* o Versión griega de los LXX dice aquí: ὁ Δαυίδ σύνεσις, que la *Vulgata* traduce coo: *"huic David intellectus"*, "De David para la inteligencia" o "De David para el entendimiento". A lo que AGUSTÍN DE HIPONA [353-429] comenta: «El entendimiento da nombre a este salmo; promueve la inteligencia, el entendimiento y la comprensión, pues el punto de partida de toda inteligencia es comprender que somos pecadores; y a partir de ahí, una vez hemos recibido el don de la fe y comenzamos a obrar mediante el amor, a entender que esto no procede de nosotros mismos sino de la gracia de Dios. Así nuestro corazón no albergará engaño, es decir, no hablarán nuestros labios una cosa mientras hay otra en nuestro pensamiento. No seremos parte de los fariseos, de quienes dijo el Señor que son semejantes a *"sepulcros blanqueados, que por fuera, a la verdad, aparecen hermosos, mas por dentro están llenos de huesos de muertos y de toda inmundicia"* (Mateo 23:27). ¿Pues acaso no es un mentiroso quien, sabiendo que es pecador, se hace pasar por justo? (...) Un salmo que según el testimonio de apóstol Pablo, hace referencia a la gracia por la que somos hechos cristianos». KRAUS confirma en su comentario que el término hebreo מַשְׂכִּיל *maśkîyl* debe entenderse como un *"cántico didáctico"*: «El concepto se halla en los epígrafes de los Salmos 32; 42; 44; 45; 52-55; 74; 78; 88; 89; 142 y en el Salmo 47:8. Según eso, la mayoría de los intérpretes opina que la idea de sabiduría y enseñanza va impresa en מַשְׂכִּיל bien en el elemento de *"meditación"*, bien en el de *"máxima"* o incluso en el sentido de *"disciplina y amonestación"*» Agustín de Hipona también advierte que no se puede descartar la posibilidad de *"canto artístico"*. FRANCISCO LACUEVA [1911-2005] en sus notas al "Comentario de Matthew Henry" indica que «su título, *maskil,* con la mayor probabilidad significa "contemplación", y viene a ser una "meditación sapiencial", como la llama Arconada, o, como escribe Ryrie, "probablemente significa poema contemplativo o didáctico"».

tanto consuela y dirige a los débiles. En el caso concreto de este salmo era conveniente prefijar este concepto, a fin de que los creyentes que vacilan no lo vieran como expresión aislada de un individuo en particular, sino que pudieran apropiarse de él y hacerlo suyo como una lección generalizada del Espíritu de Dios. En el salmo cincuenta y uno David promete enseñar a los transgresores los caminos del Señor,[6] y aquí cumple su promesa con notoria eficacia. Grocio[7] cree que este salmo estaba destinado a ser cantado en el día anual de la expiación judía, cuando se llevaba a cabo una expiación general por los pecados de todo el pueblo.

C. H. Spurgeon

El término *Masquil* figura en el título de trece salmos. Nuestros traductores[8] no se han aventurado a ir más allá de simplemente transliterar en el texto la palabra hebrea en caracteres latinos; pero en nota al margen, sin embargo, ofrecen una interpretación que la versión de Ginebra[9] había incluido antes que ellos: *"dar instrucciones"*.

---

[6] Salmo 51:13.

[7] Se refiere a Hugo van Groot [1583-1645], también conocido como Hugo Grocio y Hugo Grotius, jurista, escritor y poeta holandés que participó activamente en los debates religiosos de la *Universidad de Leiden* sobre la predestinación entre los teólogos Gomaus y Arminio.

[8] Se refiere a los traductores de la versión inglesa KJV.

[9] Se refiere a la versión de la Biblia al inglés con notas y ayudas para el estudio conocida como Geneva Bible o Biblia de Ginebra, llevada a cabo por diversos eruditos ingleses refugiados en Ginebra, en época de Calvino y Beza, huyendo de la persecución contra los protestantes desatada en Inglaterra por María I conocida por ello en Inglaterra como "La Sanguinaria", y bajo

Afirmar que esta interpretación está fuera de toda duda sería ir demasiado lejos, puesto que algunos hebraístas prestigiosos discrepan ella; así que, tal vez, nuestros venerables traductores obraron sabiamente al dejarla sin traducir. Con todo, la interpretación que incluyen en nota margen es la más antigua, lo que no deja de sustentarla con autoridad preponderante. Además, encaja perfectamente con el contenido de este salmo treinta y dos, en el que aparece por primera vez, ya que se trata de un salmo eminentemente didáctico. Su objetivo es instruir al alma convicta y arrepentida sobre cómo alcanzar la paz con Dios, a fin de que pueda sentirse envuelta en dulces cánticos de liberación.

WILLIAM BINNIE [1823-1886]
"The Psalms: Their History, Teachings, and Use", 1870

Estructura: En nuestra lectura hemos considerado conveniente distinguir entre la *bendición del indultado* (32:1-2), la *confesión personal de David* (32:3-5) y la *aplicación del caso a otros* (32:6-7). En los versículos ocho y nueve (32:8-9), el alma perdonada escucha la voz de Dios; y el Salmo concluye indicando la porción que corresponderá a cada uno según su naturaleza y proceder (32:10-11).

---

la supervisión de WILLIAM WHITTINGHAM [1524-1579]; fue la primera Biblia impresa en inglés para difusión entre el pueblo. La edición del Nuevo Testamento apareció en Ginebra 1557, y la Biblia completa en 1560, aunque no fue impresa en Inglaterra hasta 1575. Precedió por tanto en casi 50 años a la KJV y fue la Biblia usada por William Shakespeare, John Milton, John Knox y John Bunyan. Fue la versión de la Biblia más usada por los puritanos de la época, llevada a Estados Unidos por los peregrinos del *Mayflower*.

Versión poética:

BEATI QUORUM REMISSAE SUNT INIQUITATES[10]

¡Oh bienaventurados! ¡Oh felices
los frágiles y débiles mortales,
a quienes Dios perdona sus delitos,
borrando sus pecados y maldades!
¡Mas dichoso el mortal, a quien no puede
imputar el Señor pecado grave,
y en cuyo corazón nunca han cabido,
dolos, malicias, ni tras falsedades!

¡Pero ay de mí! Porque callé las culpas,
que mi dolor debía confesarte,
perdí toda la fuerza de mis huesos,
aunque de día y de noche te clamase.

Tu fuerte mano me abrumaba el pecho,
sin poder respirar un solo instante,
pues me lo destrozaban las espinas
de mis remordimientos devorantes.

Pero al fin el temor de tu justicia
hizo que a ti acudiera a confesarme,
y no te escondí una sola de mis injusticias,
de mis errores, delitos y dislates.

Yo me dije: ¡valor! Porque es preciso
declarar contra mí mis propios males,
todos los declaré, todos los dije,
y todos tú, Señor, los perdonaste.

---

[10] Este salmo expone los sentimientos de David como penitente: reconoce que debe su conversión únicamente a la gracia de Dios. [Nota original del "SALTERIO POÉTICO ESPAÑOL", Siglo XVIII]

¡Qué bondad santo Dios! ¡Cuánto ese ejemplo
debe animar a todos los cobardes
para no diferirlo en tiempo alguno,
pues todo tiempo es bueno y favorable!

¡Pero ay! cuando el diluvio de pasiones
inunda el corazón, y le combate,
ciego y endurecido, aunque conoce
el remedio, no quiere ir a buscarle.

Tú eres, Señor, mi único refugio
en las tribulaciones que me abaten,
¡Oh consuelo de mi alma! no permitas,
que pueda el que me ataca derribarme.

Tú me dijiste: yo te daré luces
para ver el camino y gobernarte,
para escoger las sendas más derechas,
y en ti pondré los ojos cuando marches.

Y vosotros mis fieros enemigos,
no seáis como brutos animales,
que por defecto de razón no entienden
ni los daños que causan, ni el mal que hacen.

Pon tú, Señor, un freno a sus pasiones,
sujeta con tus iras inmortales,
a los que, dando rienda a sus deseos,
sólo de ti no quieren acordarse

Muchos castigos das a los injustos,
pero al fiel que de ti pende constante,
sabrá rodearle tu misericordia
en todos tiempos, y por todas partes.

Alegraos en Dios todos los justos,
que gozáis de favores celestiales,
cantad su santo nombre, y en su gloria
glorificaos y glorificadle.

DEL "SALTERIO POÉTICO ESPAÑOL", SIGLO XVIII

2

***

Salmo completo: Este es un *salmo didáctico* en el que David enseña a los pecadores a huir de su lamentable paradigma de pecador y a seguir su ulterior ejemplo de arrepentimiento. Lo que expone es una ciencia universal y atañe a todos los hombres sin excepción, ya que todos, sean príncipes o sacerdotes, nobles o plebeyos, labradores o comerciantes, hombres, mujeres o niños, debemos aprender necesariamente en esta escuela, sin cuyas lecciones todas las demás que podamos aprender en la vida son inútiles. Pero vayamos al grano: la marca de identidad del verdadero penitente, cuando ha sido piedra de tropiezo para otros, consiste en poner tanto cuidado y empeño en advertir y ayudar a levantarse a los demás con el ejemplo de su arrepentimiento, como perjuicio les causó con el mal ejemplo de su pecado. No creo que un pecador arrepentido, perdonado y verdaderamente penitente, se avergüence jamás de enseñar a otros pecadores el camino del arrepentimiento mediante el modelo de su propia experiencia. La mujer samaritana, cuando se convirtió, dejó el cubo en el pozo, fue corriendo a la ciudad y dijo: *"Venid aquí; ved a un hombre que me* *ha dicho todo cuanto he hecho"*[11]. Y nuestro Salvador dijo a Pedro: *"Cuando te hayas vuelto, fortalece a tus hermanos"*[12]. Tampoco Pablo, después de su conversión, se avergonzó de llamarse el principal de los pecadores,[13] y de enseñar a los otros a arrepentirse de sus pecados arrepintiéndose de los propios. Feliz, y tres veces feliz, el hombre que puede edificar tanto como ha derribado.

ARCHIBALD SYMSON [1564-1628]
"A Sacred Septenarie or *A godly and fruitful exposition on the seven Psalmes of repentance"*, 1623

Salmo completo: Se dice de Lutero que un día le preguntaron cuál de los Salmos era el mejor, y se limitó a contestar: *"Psalmi paulini"*, "los Salmos Paulinos". Sus amigos, sorprendidos por tan extravagante respuesta insistieron entonces en que les dijera cuáles eran estos salmos, y el gran reformador añadió: «El 32, el 51, el 130 y el 143. Porque todos ellos enseñan que el perdón de nuestros pecados viene al hombre que cree sin la ley y sin las obras»[14]. En ellos David canta: *"Pero en ti hay perdón, para que seas temido"*[15]. Esto es exactamente lo que Pablo dice a los romanos: *"Porque Dios sujetó a todos en desobediencia, para tener misericordia de todos"*[16]. Por tanto, nadie puede jactarse de su propia justicia. Estas palabras: *"Que seas temido"*, barren todos los méritos propios y nos enseñan a descubrir nuestras cabezas ante Dios

---

[11] Juan 4:29.
[12] Lucas 22:32.
[13] 1ª Timoteo 1:15.
[14] Esta es la razón por la que en esta edición hemos titulado el presente salmo, el Salmo 32, como SALMO PAULINO.
[15] Salmo 130:4.
[16] Romanos 11:32.

y a confesar «gratia *est, non meritum: remissio, non satis-factio*»: todo es simple perdón, sin mérito alguno.[17]

JOHANNES MATHESIUS [1504-1565]
En una selección de frases y pensamientos de Lutero en
conversaciones privadas:
"Tischreden" o *"Martin Luther Table Talk"*, 1566

Algunos afirman que este salmo era cantado en el día de la expiación.

ROBERT LEIGHTON [1611-1684]
*"Meditations Critical and Practical on Psalm IV Psalm XXXII
and Psalm CXXX"*, 1825

Los Salmos penitenciales: Cuando Galileo[18] fue encarcelado por la Inquisición en Roma por afirmar la

---

[17] AGUSTÍN DE HIPONA [353-429] se extiende de manera especial en su comentario a este salmo y dedica varias páginas de introducción a debatir el problema de la fe y las obras. Algo que sin duda no pasó desapercibido a MARTÍN LUTERO [1483-1546], que como fraile agustino era buen conocedor de los escritos y comentarios de AGUSTÍN, quien describe este Salmo 32 en los siguientes términos: «Un cántico a la gracia de Dios expresando cómo somos justificados sin mérito alguno de nuestra parte, por la misericordia del Señor que se adelanta a nosotros». TEODORO DE MOPSUESTIA [350-428] exclama en la misma línea: «El bendito David en este salmo instruye al pueblo en la verdad de que, aún cuando se comporten y actúen con justicia y rectitud, no deben confiar en el mérito de sus propias acciones ni adscribirse a sí mismos obra buena alguna; antes bien, deben atribuir a la gracia divina toda buena obra que lleven a cabo, confesando su necesidad de misericordia y declarándose bendecidos por la buena disposición de Dios hacia ellos».
[18] Se refiere a GALIEO GALILEI [1564-1642], conocido astrónomo, filósofo, matemático y físico italiano considerado como el «padre de

exactitud del sistema copernicano, se le impuso como penitencia que repitiera los siete salmos penitenciales cada semana durante tres años. Debió de ser, probablemente, con la intención de obligarle a una especie de confesión cotidiana de su culpa y reconocimiento de lo justo de la sentencia. Y hay que admitir que había en ello bastante sagacidad, y ciertamente una buena dosis de ridiculez y comicidad añadida a la iniquidad (o necedad) del procedimiento; ya que de otro modo, resulta difícil de entender qué idea de castigo podían ver o adscribir los inquisidores a un ejercicio devocional así, que más que otra cosa debió de resultar agradable y consolador para el preso.

M. MONTAGUE
"The Seven Penitential Psalms in Verse being specimens of a New Version of the Psalter with an Appendix and Notes", 1844

---

la astronomía moderna», el «padre de la física moderna» y el «padre de la ciencia». Su defensa de las ideas y teorías de Copérnico y del sistema heliocéntrico lo llevaron al enfrentamiento con la Iglesia. Tras publicar su *Diálogo,* la Inquisición tomó cartas en el asunto y tras un largo proceso inquisitorial, fue amenazado de condena a muerte si no se retractaba de que la Tierra no giraba alrededor del Sol, sino al revés. Cansado y ya viejo, Galileo abdicó de sus ideas y firmó un documento de abjuración, aunque según la tradición antes pronunció la famosa frase *"Eppur si muove"*, "Y sin embargo se mueve". Aún así, fue condenado a prisión perpetua, siendo esta conmutada por el Papa Urbano VIII (que al parecer no quiso firmar la condena) a permanecer confinado en arresto domiciliario en su villa de Florencia donde estuvo hasta su muerte en 1642. El caso de Galileo se usa con frecuencia para exponer el conflicto entre religión y ciencia. Y aunque el Papa Juan Pablo II pidió perdón por los errores que hubieran cometido los hombres de la Iglesia a lo largo de la historia y nombró en 1981 una comisión para la revisión del caso Galileo y su posible rehabilitación, hasta el día de hoy [2015] la Iglesia Católica no ha reconocido oficialmente su error.

3

❧❧❧

Vers. 1. *Bienaventurado aquel cuya transgresión ha sido perdonada, y cubierto su pecado. [Bienaven-turado aquel a quien es perdonada su transgresión, y cubierto su pecado. RVR77] Dichoso aquel a quien se le perdonan sus transgresiones, a quien se le borran sus pecados. NVI] ¡Cuán bienaventurado es aquel cuya trans-gresión es perdonada, cuyo pecado es cubierto! LBLA]*

Bienaventurado. Al igual que el *Sermón del Monte*, este salmo empieza con bienaventuranza. Es el segundo salmo que comienza de ese modo: el salmo uno descri-be los resultados de esta bienaventuranza, mientras que el treinta y dos detalla las causas y razones de la misma. El uno presenta el árbol en plena fase de crecimiento; el otro lo describe justo cuando acaba de ser plantado y regado. Aquel varón que en el salmo primero es ávido lector, de día y de noche, del libro de Dios,[19] es aquí descrito como un suplicante ante en trono de la misericordia, escuchado y aceptado.

---

[19] Salmo 1:2.

Aquel a quien es perdonada su transgresión. Si alguna vez fue pobre, estuvo enfermo o triste, ahora es bienaventurado y lo será para siempre. De todas las cosas de este mundo, ciertamente, el perdón misericordioso figura entre las más apreciadas, puesto que constituye el único camino seguro a la felicidad. Escuchar del propio Espíritu de Dios las palabras, «*absolvo te*»[20] produce un gozo inefable. La bienaventuranza, en este caso, no se concede por haber guardado diligentemente de la ley, puesto que en tal caso a nosotros jamás nos alcanzaría, sino más bien a un transgresor de la ley, pero que ha sido perdonado por gracia abundante y gratuita. Los fariseos, pese a que se consideran a sí mismos justos, no tienen parte en esta bienaventuranza. Aquí es al regreso del hijo pródigo que se pronuncian las palabras de bienvenida y comienzan la música y el baile. Un perdón pleno, instantáneo e irreversible de la transgresión, que convierte en cielo el infierno del pecador transformándole de heredero de la ira a participante en la bendición. La palabra hebrea que aquí se traduce por *"perdón"* en el original es *"quitar, levantar"*,[21] cual carga que es quitada o levantada, o una barrera apartada y eliminada. ¡Qué descanso y qué alivio! A nuestro Salvador le costó sudar gotas de sangre el soportar nuestra carga, sí, y le costó la vida levantarla de encima de nuestros hombros. Sansón cargó sobre sus hombros con las puertas de Gaza,[22] pero ¡qué poca cosa eran comparadas con el peso que Jesús tuvo que cargar en favor nuestro!

---

[20] Expresión latina que en español significa "te absuelvo", utilizada por la Iglesia Católica en la fórmula del sacramento de la confesión, cuando que el sacerdote dice al penitente: «Ego **absolvo te** a *peccatis tuis in nomine Patri*».

[21] En hebreo נְשׂוּי *nəśui* de נָשָׂא *nâsâh,* "levantar, apartar".

[22] Jueces 16:3.

Y cubierto su pecado. Cubierto por Dios; como el arca estaba cubierta por el propiciatorio, como Noé fue cubierto por el diluvio, como los egipcios fueron cubiertos por las aguas de los abismos del mar.[23] ¡Y qué cubierta tan especial habrá de ser para que pueda esconder la inmundicia de nuestra carne y espíritu de la mirada del Dios Omnisciente que todo lo ve, y para siempre! Quien ha contemplado el pecado en toda su horrible deformidad, es quien en mejores condiciones está para apreciar la felicidad que se siente de no tener que verlo ya nunca más. La expiación de Cristo es la propiciación, la cubierta, el punto y final del pecado; el alma que se apropia de ella y confía en ella, sabe que ha sido aceptada en el Amado, y en consecuencia goza de una bienaventuranza consciente que es la antesala del cielo. De éste texto se deduce que una persona puede saber con certeza que ha sido perdonada. De lo contrario ¿dónde quedaría la bienaventuranza de un perdón desconocido? Se hace evidente que el secreto de la bienaventuranza está en el conocimiento del perdón, que es la base de todo consuelo.

C. H. Spurgeon

Bienaventurado.[24] En el original hebreo este *"bienaventurado"* está en plural, por lo que una traducción

---

[23] Dice Agustín de Hipona [353-429]: «No dice aquel en quien no se ha encontrado pecados, sino aquel cuyos pecados han sido perdonados y cubiertos, tapados, sepultados. Y si los ha sepultado y cubierto es porque no quiere verlos». Teodoreto de Ciro [393-458] lo explica de ese modo: «Dios ha obrado con ese hombre bienaventurado con tamaña generosidad, que no sólo ha perdonado sus pecados, sino que los ha cubierto para que no quede ni traza de ellos».

[24] En hebreo אַשְׁרֵי *'ašrê* de אַשְׁרֵי *esher*.

más ajustada debería ser *"¡Oh las múltiples bienaventu-*
ranzas del hombre!" o bien *"¡Oh las numerosas dichas*
del hombre".

ROBERT LEIGHTON [1611-1684]
"Meditations Critical and Practical on Psalm IV Psalm XXXII
and Psalm CXXX", 1825

Bienaventurado. Reparemos en que éste es el primer
salmo, –aparte del salmo primero– que empieza con una
"bienaventuranza". En el salmo uno encontramos la bienaventuranza de la inocencia, o mejor dicho la de aquel que
no *"anduvo en consejo de malos"* y por tanto no cometió
pecado. Aquí tenemos el próximo escalón en la grada de
la bienaventuranza, el del arrepentimiento, que se nos presenta como el estado más feliz inmediato al de la ausencia
de pecado.

JOHANNES LORINUS [1569-1634]
citado por JOHN MASON NEALE [1818-1866] y RICHARD
FREDERICK LITTLEDALE [1833-1890]
en *"Commentary on the Psalms from Primitive and Mediæval*
Writers", 1869

Bendito el hombre cuyos pecados han sido perdona-
dos. Bendito –exclama David– aquel a quien la remisión
de todos sus pecados le permite gozar de felicidad verdadera. Pues fuera de aquella que se puede disfrutar, no hay
felicidad verdadera; y la felicidad no se puede disfrutar a
menos que se sienta; y no se puede sentir si uno no tiene
conciencia de que está en posesión de ella; y nadie puede
tener conciencia de que está en posesión de ella, si duda
sobre si la tiene o no la tiene. En consecuencia, cualquier
duda sobre la remisión de nuestros pecados es contraria a
la verdadera felicidad, ya que deriva en un tormento para

la conciencia. El mero hecho de pensar en su pecado, a menos que su conciencia haya sido cauterizada con un hierro candente, infunde en el hombre gran temor, ya que acuden constantemente a su pensamiento el miedo a la muerte eterna y el horror del juicio de Dios, robándole todo sentido de felicidad. Y nadie puede evitar las dudas sobre si sus pecados han sido perdonados, a menos que tenga la plena seguridad, como el salmista, que Dios los ha perdonado definitivamente.

WILLIAM PERKINS [1558-1602]

Bendito el hombre cuyos pecados han sido perdonados. Trata de esconder tus pecados y pronto descubrirás, para tu desgracia, que ocultar el pecado resulta en una maldición: "*El que encubre sus pecados no prosperará; mas el que los confiesa y se aparta alcanzará misericordia*"[25]. Querer librarse del pecado no confesándolo: o lo que es peor todavía, negándolo o encubriéndolo con una mentira –como hizo Giezi, el criado de Eliseo-;[26] querer justificarlo diciendo: «No lo hice», o bien «*Lo hice, pero lo que hice no era tan malo*», son opciones falsas de librarse de él; el que encubre así su pecado no prosperará. Hay, sin embargo, una forma bendita de librarse del pecado: confesarlo. El perdón de nuestro pecado lo elimina definitivamente, lo aparta definitivamente de la vista, y en esto consiste la bienaventuranza.

RICHARD ALLEINE [1611-1681]
"Vindicie Pietatis: or a vindication of godliness", 1663

---

[25] Proverbios 28:13.
[26] 2ª Reyes 5:20-25.

Bendito el hombre cuyos pecados han sido perdonados. Podemos anestesiar el alma con placeres carnales, pero los efectos de este opiáceo mundano se disipan muy pronto. Todos sus goces no son más que aguas hurtadas y pan comido en oculto,[27] una paz efímera, incapaz de afrontar la realidad de los hechos, y que fácilmente se desvanece al verse confrontada por unos pocos pensamientos serios y razonados acerca de Dios y la vida en el más allá. En cambio, una vez nuestro pecado ha sido perdonado, disfrutamos de verdadera alegría y de una paz estable y duradera: *"Ten ánimo, hijo; tus pecados te son perdonados".*[28]

THOMAS MANTON [1620-1677]

Bendito el hombre cuyos pecados han sido perdonados. El santo David nos muestra al comienzo de este salmo en qué consiste la verdadera felicidad: no en la hermosura, el honor o las riquezas (la trinidad del mundo),[29] sino en el perdón de los pecados. La palabra hebrea que traducimos como "perdonar"[30] significa apartar de la vista, y concuerda con lo dicho por el profeta Jeremías: *"En aquellos días y en aquel tiempo, dice Jehová, la maldad de Israel será buscada, y no aparecerá; y los pecados de Judá, y no se hallarán; porque perdonaré a los que yo hubiere dejado"*[31]. Esto es una bendición sobreabundante, y como tal, establece la base para todas las demás misericordias. Analicémosla, pues, con mayor detalle y descubriremos en ella cinco bendiciones:

---

[27] Proverbios 9:17.

[28] Mateo 9:2.

[29] El dicho popular las tiene como "salud, dinero y amor".

[30] En hebreo נְשׂוּי *nəśui* de נָשָׂא *nasa* o *nasah*.

[31] Jeremías 50:20.

1. *El perdón es un acto de la libre gracia de Dios.* La palabra griega para perdonar,[32] aclara el significado determinando el origen del perdón, que no surge de algo inherente en nosotros sino que es puramente el resultado de la gracia gratuita: *"Yo, yo soy el que borro tus rebeliones por amor de mí mismo, y no me acordaré de tus pecados"*[33]. Cuando un acreedor condona la deuda a un deudor, lo hace libremente. Pablo exclama: *"Se me mostró misericordia"*[34] Cuando el Señor perdona a un pecador, no salda una deuda, más bien concede un legado.

2. *Cuando Dios perdona el pecado, remite la culpa y el castigo.* La culpa clama por justicia: tan pronto como Adán hubo comido la fruta, vio la espada encendida y escuchó la maldición;[35] pero en la remisión Dios se muestra condescendiente con el pecador, como si le dijera: "Aunque has caído en manos de mi justicia y mereces la muerte, a pesar de ello te absuelvo, y todo lo que figura en tu contra queda remitido".

3. *El perdón del pecado es mediante la sangre de Cristo.* La gracia gratuita es la causa impulsora, la sangre de Cristo es el mérito. *"Sin derramamiento de sangre no se hace remisión"*[36]. La justicia debe ejecutar su venganza, ya sea en el pecador o el sustituto. El perdón es a precio de sangre.

4. *Antes que el pecado sea perdonado, debe haber arrepentimiento.* Por tanto, el arrepentimiento y el perdón van indisolublemente unidos entre sí: *"Que se predicase en su nombre el arrepentimiento y el perdón*

---

[32] ἐπικαλύπτω, *epikaluptó.*
[33] Isaías 43:25.
[34] 1ª Timoteo 1:13.
[35] Génesis 3:17-24.
[36] Hebreos 9:22.

de pecados"[37]. No que el arrepentimiento aporte mérito en sentido alguno, como afirman los romanistas, sino que la sangre de Cristo debe enjugar primero nuestras lágrimas; el arrepentimiento es una calificación, no una causa. Aquel se humilla bajo el peso de su pecado concederá más valor a la misericordia perdonadora.

5. *Habiendo Dios perdonado el pecado jamás lo traerá de nuevo a recuerdo: "Perdonaré la maldad de ellos, y no me acordaré más de su pecado"*[38]. El Señor lleva a cabo un resarcimiento total, y no nos va a echar ya en cara delitos pasados, ni a demandarnos por deudas saldadas: *"Sepultará nuestras iniquidades, y echará en lo profundo del mar todos nuestros pecados"*[39]. No como un corcho que vuelve a flotar, sino como un plomo que se hunde y permanece en el fondo para siempre. ¡Cuán agradecidos debemos sentirnos por toda esta bendición del pacto!

THOMAS WATSON [1620-1686]
"The Beatitudes", 1660

Y cubierto su pecado. Todo hombre que pretenda ser feliz debe contar con algo capaz de ocultar sus pecados a los ojos de Dios; y nada ni nadie en este mundo puede ejercer tal función salvo Cristo y su justicia, tipificado en el Arca del Pacto, cuya cubierta de oro, llamada Propicia-torio o Trono de la Misericordia, cubría las tablas de la ley que estaban dentro del Arca. Así cubre Dios nuestros pecados en contra de lo prescrito en esas tablas. De igual modo, la nube que cubría y protegía a los israelitas en el

---

[37] Lucas 24:47.
[38] Jeremías 31:34.
[39] Miqueas 7:19.

desierto, representaba a Dios cubriéndonos del peligro de nuestros pecados.

THOMAS TAYLOR [1576-1632]
"David's Learning: or the Way to True Happiness", 1617

Y cubierto su pecado. Este *cubrir* guarda relación con cierta desnudez y suciedad que deben ser cubiertas, esto es, con el propio pecado que nos contamina y nos deja desnudos. ¿Por qué si no dice Moisés que Aarón: *"había dejado al pueblo desnudo"*?[40] Las prendas de nuestros propios méritos son demasiado cortas y no alcanzan a cubrir nuestro pecado, por tanto, tenemos necesidad de pedir prestados los méritos de Cristo Jesús y el manto de su justicia, que para nosotros hace de túnica, como las túnicas de pieles que Dios hizo a Adán y Eva después de su caída.[41] Las prendas de vestir tienen como objeto cubrir nuestra desnudez, protegernos de las inclemencias del tiempo, y adornar nuestra figura. Así es también con la mediación de nuestro Salvador: sirve para cubrir nuestra desnudez librándonos de la ira de Dios –las *"vestiduras blancas"*, con las cuales debemos estar vestidos *"para que no se descubra la vergüenza de nuestra desnudez"*[42]–;

---

[40] Éxodo 32:25. La KJV traduce: *"And when Moses saw that the people were **naked**; (for Aaron had made them **naked**...)"*. Del Inglés, *"naked"*, "desnudo". La RVA tradujo como *"despojado"*: *"Y viendo Moisés que el pueblo estaba despojado, porque Aarón lo había despojado para vergüenza entre sus enemigos..."*. El verbo hebreo es פָּרֻעַ *pārua'* de פָּרַע *pāra'*, y según todos los exégetas modernos su traducción más correcta es "descontrolado, desenfrenado, desmandado, suelto, desbocado", como traducen las la mayoría de versiones actuales, incluidas todas las españolas.

[41] Génesis 3:21.

[42] Apocalipsis 3:18

nos protege de Satanás, puesto que él es *"poderoso para salvar"*[43]; y además como adorno decorativo, puesto que es nuestro *"vestido de bodas"*[44], como dice el apóstol: *"vestíos del Se*ñor Jesucristo*"*[45].

ARCHIBALD SYMSON [1564-1628]
"Psalmes of repentance", 1623

Y cubierto su pecado. La causa o motivo de ese perdón —sobre el que versa aquí el salmista— se describe en los dos primeros versículos (32:1-2) mediante diversas expresiones: *iniquidad, transgresión y pecado;* algo habitual en el lenguaje jurídico donde siempre se utilizan distintos términos descriptivos a fin de hacer el instrumento jurídico más comprensivo, completo y eficaz. Algo que observamos con claridad cuando Dios al proclamar su nombre se describe utilizando esas mismas palabras: *"el que perdona la iniquidad, la transgresión y el pecado"*[46]. Y aclarada la razón esto preguntémonos: ¿Por qué el santo hombre de Dios, el salmista, le pone tanto vigor y vehemencia a su descripción repitiendo: *"¡Bienaventurado es aquel!"* (32:1) y de nuevo: *"¡Bienaventurado el hombre!"*? (32:2). En parte en base a su propio caso: David sabía bien, por propia experiencia, lo dulce que resultaba la sensación del pecado perdonado, había probado la amargura del pecado en su propia alma, hasta secarse su vigor y envejecer sus huesos, y no es de extrañar que exprese su sentimiento de felicidad por el perdón en los términos más vivos. Pero pensando en aquellos para cuya

---

[43] Isaías 63:1; Sofonías 3:17; Hebreos 7:25-28; 9:24.
[44] Mateo 22:11.
[45] Romanos 13:14.
[46] Éxodo 34:7.

instrucción estaba escribiendo, para que no juzgaran ese sentimiento de perdón como algo ligero y trivial, sino que captaran en toda su extensión y profundidad el inmenso valor de este gran privilegio. Es por ello que repite: *Bienaventurados, benditos, felices,* sí, triplemente felices aquellos que hayan obtenido el perdón de sus pecados y la justificación por medio de Jesucristo.

THOMAS MANTON [1620-1677]

Vers. 1, 2. En estos versículos se mencionan cuatro males: (1) *Transgresión:* פֶּשַׁע *pesha';* (2) *Pecado:* חַטָאָה *chătâ'âh;* (3) *Iniquidad,* עָוֹן *'âvôn;* (4) *Doblez:* רְמִיָּה *remiyâh.* El primero, *pesha,* significa "traspasar los límites, pasarse de la raya, hacer lo prohibido". El segundo, *chătâ'âh,* significa "errar el blanco, no hacer lo mandado"; pero con frecuencia se toma como expresión de "pecaminosidad" o "pecado en la naturaleza", algo que produce transgresión en la vida. El tercero, *âvôn,* significa algo que "se ha desviado de su curso" o que "se encuentra en posición inapropiada", "algo moralmente deformado o tergiversado"; iniquidad es lo contrario a la equidad, a al equilibrio, a la perfección o justicia. El cuarto, *remiyâh,* significa "fraude, engaño, dolo, doblez", etc. Para quitar o eliminar estos males se mencionan tres acciones: *perdonar, cubrir,* y *no imputar.*

1. La TRANSGRESIÓN: פֶּשַׁע *pesha'',* debe ser "perdonada", נְשׂוּי *nâsâh,* es decir, "quitada, levantada" mediante un sacrificio expiatorio, porque llevar el pecado, o soportar el pecado, siempre implica esto.

2. El PECADO: חַטָאָה *hătā'āh,* debe ser "cubierto", כְּסוּי *kâsâh,* "oculto a la vista", porque es odioso y abominable, y debe ser apartado de la vista.

3. La INIQUIDAD: עָוֹן 'āwōn, que es algo "perverso o distorsionado", no debe ser "imputada", יַחְשֹׁב yaḥšōḇ, no contada o computada en su contra.

4. La DOBLEZ: רְמִיָּה rəmîyāh debe ser "eliminada" o "aniquilada en el alma": בְרוּחֹו וְאֵין wə'ên bərûḥōw. *"En cuyo espíritu no hay doblez".*

El hombre cuya transgresión ha sido perdonada; cuyo pecado permanece oculto porque Dios lo ha echado como una piedra de molino a las profundidades del mar;[47] cuya maldad y perversión no se le tienen cuenta, y cuya doblez y astucia fruto de un corazón engañoso es eliminada y aniquilada; el hombre que ha sido vaciado de pecado y lleno de justicia, es necesariamente un hombre bienaventurado y feliz.

ADAM CLARKE [1760-1832]

Vers. 1, 2. *Transgresión, prevaricación.* Algunos lo interpretan como los pecados de omisión y de comisión.

Pecado. Algunos lo interpretan como los impulsos y deseos internos, la lujuria y otros envites que desvían el alma de la ley de Dios, y que son la causa inmediata de los pecados externos.

Iniquidad. Denota el pecado original, la raíz y causa de todos los pecados.

Perdonado. Del latín *"levatus",* "levantar, quitar de encima". Significa levantar un peso que otro soporta, apartarlo de él. La Escritura utiliza principalmente dos expresiones que denotan remisión del pecado: *"expiarlo"* y *"soportarlo o apartarlo":* la una significa el procedimiento por el que se lleva a cabo, es decir, la expiación; y la otra el resultado o efecto de esta expiación: levantarlo so-

---

[47] Miqueas 7:19.

portándolo y apartándolo. Una denota la causa meritoria, la otra su consecuencia.

Cubierto. Una alusión a los egipcios en el Mar Rojo, que fueron cubiertos por las aguas.[48] Menochio[49] piensa que tiene que ver con la manera de escribir entre los hebreos, que estima era parecida que la de los romanos que escribían con un punzón sobre una tablilla en la que previamente se había esparcido cera, de modo que cuando querían borrar lo escrito, la allanaban y cubrían de nuevo cera tapando el escrito anterior. Ello concuerda con la expresión aquí utilizada de *"borrar el pecado"*[50], como en el otro caso, la idea de perdonar "ocultándolo o apartándolo" de la vista concuerda con echarlo *"en lo profundo del mar"*[51].

Imputar.[52] No imputar una cosa equivale a dejar de anotarla o cargarla en contra, a no tenerla en cuenta.

Siendo que el pecado es una defección de la ley, corresponde ante todo que sea *perdonado;* y puesto que es ofensivo para la santidad de Dios, debe ser también *cubierto;* y en tanto que constituye una deuda que implica para el transgresor un castigo, ésta *no debe serle imputada.* Las tres palabras que utiliza aquí en salmista para

---

[48] Éxodo 14:28.

[49] Se refiere al jesuita italiano GIOVANNI STEFANO MENOCHIO [1575-1655], profesor de Sagrada Escritura en Milán, autor de diversas obras entre las que destaca su *"Brevis Explicatio Sensus Literalis Sacræ Scripturæ optimus quibusque Auctoribus per Epitomen Collecta"*, Colonia, 1830.

[50] Hechos 3:19.

[51] Miqueas 7:19.

[52] La mayoría de nuestras versiones castellanas traducen *"a quien el Señor no culpa de iniquidad"*, pero la RVA, más literal, traduce *"a quien no imputa Jehová la iniquidad"* y la KJV traduce *"unto whom the Lord **imputeth** not iniquity"*.

indicar pecado son las mismas utilizadas por Dios en la declaración de su nombre.[53]

STEPHEN CHARNOCK [1628-1680]
"A Discourse of the Pardon of Sin. Psalm 32:1-2"

Vers. 1-2, 6, 7. ¿Quién es el bienaventurado? Por supuesto, no aquel que encubre, esconde y no confiesa su pecado. Mientras David se mantuvo en esta situación vivió sumido en la desdicha, y su estado fue lamentable: Había doblez en su espíritu (32:2) y miseria en su corazón, hasta llegar al punto que sus huesos envejecieron y su savia vital se secó como enjugada y requemada por una sequía de verano (32:3-4). ¿Quién es pues bienaventurado? El que está libre de iniquidad, el que no ha transgredido y no contrista con su pecado el pecho de aquel sobre el cual se reclina. Ésta es la bienaventuranza suprema, el elemento más cercano a la felicidad misma del cielo. Ser como Dios, rendirle una obediencia implícita, plena, perfecta; una obediencia salida del corazón, emanada por la totalidad de nuestro ser; ésta es la experiencia más bendita entre todas las bienaventuranzas. Pero… ¿de entre aquellos que viven en un mundo de pecado, que están rodeados por el pecado, que son ellos mismos los pecadores, quién puede alcanzar a ser bienaventurado? Aquel cuya transgresión ha sido perdonada y cubierto su pecado, aquel a quien el Señor no imputa iniquidad; y de manera especial aquel que en su interior vive esta experiencia y que puede, hasta cierto punto, sentirse identificado con el estado pecaminoso previo del alma de David (32:3-4) y salir de él. ¡Ah, qué estado tan deplorable era el del salmista con anterioridad a esta bienaventuranza! Qué manera tan te-

---

[53] Éxodo 14:28.

rrible tuvo el pecado de oscurecer su visión y entorpecer sus facultades espirituales como para conseguir inocular el doblez y engaño en un espíritu como el suyo, que en otro pasaje exclama: *"Examíname, oh Dios, y conoce mi corazón; Pruébame y reconoce mis pensamientos; Y ve si hay en mí camino de perversidad"*[54] ¡Qué estado anímico tan lamentable era el suyo, gimiendo todo el día, pero guardando silencio ante Dios; incapaz de abrirle su corazón, permaneciendo todo el tiempo mudo delante de él; y no en sumisión a su voluntad, no en la aceptación del justo castigo a su transgresión según la Ley establecida,[55] no en confesión real y reconocimiento honesto, íntegro, y sincero de su iniquidad ante Aquel contra quien la había cometido, sino más bien en cobarde ocultación. *"Mientras callé"*, es decir, no sólo guardó silencio sino que se mantuvo en ese silencio de manera voluntaria, decidida y perseverante, y lo hizo a pesar de todo el recuerdo de las muchas misericordias recibidas en el pasado, a pesar de los reproches de su propia conciencia, y la angustia de su corazón. *"Guardé silencio"* –dice el salmista– a pesar de que *"de día y de noche se agravó sobre mí tu mano"* (32:4); a pesar de que *"mi verdor"*, –esto es, todo lo espiritual dentro de él, la savia vital de su espíritu indicativa del nivel de vida espiritual en su alma– se estaba secando y desvaneciendo. Sí, Señor, a pesar de todo esto, callé, guardé silencio. Pero llegó Natán, a quien tú enviaste. Vino a mí cual mensajero de reproche, lleno de fidelidad a la Ley, pero también lleno de amor. Vino a mí con tu palabra, con la palabra del Rey de reyes, ante el cual nada permanece oculto; y le declaré mi pecado, no le encubrí mi iniquidad.

---

[54] Salmo 139:23-24.
[55] Levítico 26:46.

Pero esto no era suficiente, puesto que contra ti, y sólo contra ti había pecado,[56] y por tanto, ante ti fue también mi confesión. *Confesé ante ti, oh Señor, mi pecado.* Prometí solemnemente que lo haría, y lo hice: *"Dije: Confesaré mis transgresiones a Jehová; y tú perdonaste la maldad de mi pecado".*

Bienaventurado aquel cuya transgresión ha sido perdonada. ¡He aquí el hombre verdaderamente bien-aventurado! El hombre realmente bendito en su estado mental, en su espíritu inocente y sin engaño, en su cora-zón contrito, fruto todo ello del espíritu de gracia. Ben-dito con el perdón de un Dios perdonador, un perdón perfecto, completo, sin merma, al que no falta nada; tipificado en un pecado *"cubierto",* e iniquidad *"no im-putada"* en su contra por el Señor; y bienaventurado, además, en las bendiciones que ello acarrea: *"Tú eres mi refugio; me guardarás de la angustia; con cánticos de liberación me rodearás"* (32:7). Bajo la palma de esa misma mano –dice el salmista– que antes me aplastaba y se agravaba con fuerza sobre mí de día y de noche, ahora puedo descansar. *Tú eres mi refugio*, el temor que antes sentía de ti, ha desaparecido por completo; Aho-ra habito en ti como mi refugio y mi torre fuerte,[57] mi protección, mi cobertura, mi seguridad, mi hogar. Me siento seguro y protegido en tu amor, cualquiera que sea la dificultad o problema que me asedie. Por boca de Natán tu siervo, me hiciste saber que la porción que me corresponde conllevará mucho dolor, pero aún siendo así, me siento y me sentiré protegido; sí, y tan seguro estoy de que me protegerás, que me atrevo a afirmar in-

---

[56] Salmo 51:4
[57] Salmo 61:3.

cluso que me rodearás con tus brazos misericordiosos, suscitando en mí cantos de liberación y de gratitud por tu misericordias y tu benevolente interposición.

¡He aquí la bienaventuranza de aquel a quien Dios perdona! No es de extrañar, pues, que el salmista añada que tal bendición es motivo suficiente para que *"ore a ti todo santo en el tiempo en que puedas ser hallado; ciertamente en la inundación de muchas aguas no llegarán éstas a él"* (32:6). Como si hubiera dicho: «Ciertamente, después de contemplar la benevolencia de tu gracia para conmigo, todos aquellos que verdaderamente te aman y temen, todos aquellos a los que corresponde llamar propiamente santos, al enterarse de tus tratos conmigo: *"orarán a ti"*. Animados ante mi ejemplo, no van a permanecer callados, no guardarán silencio como hice yo de manera tan necia y pecaminosa, sino que confesarán sus delitos delante de ti y te suplicarán, ahora que fácilmente puedes ser *"hallado"* y que te has manifestado de forma tan maravillosa a todos los que te buscan de veras,[58] puesto que hay un lugar donde pueden encontrarte, donde pongo yo ahora mi mano sobre la víctima, y a través de ella miro a la futura víctima, a él, a la Simiente prometida. Ahora es el tiempo aceptable para hallarte,[59] según declaras en tu Palabra; y mi corazón se siente atraído hacia ti por el efecto de tu gracia, puesto que la falta y ausencia de voluntad no está en ti, sino en la criatura pecadora que se resiste a acudir a ti». Por eso todo santo debe orar a Dios, y si lo hace, por muy profundas y turbulentas que sean las aguas, por impetuoso que ruja el torrente y por feroz y arrasadora que sea su corriente, a los

---

[58] Salmo 145:18
[59] Isaías 49:8; 2ª Corintios 6:2.

santos no les afectará, ni tan siquiera se les acercará, y no correrán peligro alguno de ser arrastrados por ellas.

JAMES HARRINGTON EVANS, M. A. [1785-1849]

Vers. 2 *Bienaventurado el hombre a quien Jehová no culpa de iniquidad, y en cuyo espíritu no hay engaño.* *[Bienaventurado el hombre a quien Jehová no imputa iniquidad, y en cuyo espíritu no hay doblez. RVR77] [Dichoso aquel a quien el Señor no toma en cuenta su maldad y en cuyo espíritu no hay engaño. NVI] [¡Cuán bienaventurado es el hombre a quien el Señor no culpa de iniquidad, y en cuyo espíritu no hay engaño! LBLA]*

Bienaventurado el hombre a quien Jehová no imputa iniquidad. El término *"Bienaventurado"* en este caso está en plural, por lo que correspondería traducir más exactamente: *"¡Oh las múltiples bienaventuranzas del hombre...!"* ¡Las alegrías dobles, los haces de felicidad, las montañas de satisfacción y deleite! Fijémonos en que las palabras profusamente utilizadas para denotar desobediencia son tres: *transgresión, pecado* e *iniquidad;* son las tres cabezas del Cancerbero[60] del infierno. Pero

---

[60] En la mitología griega CANCERBERO o CAN CERBERO, (en griego *Kérberos* que significa "demonio del pozo") era el perro guardián del Hades, un monstruo con tres cabezas de perro y una serpiente por cola, que guardaba las puertas del inframundo para asegurar que los muertos no pudieran salir ni los vivos entrar. La idea de un perro guardián del mundo de los muertos aparece en las mitologías de diversos pueblos de la antigüedad. Uno de los llamados *"doce trabajos de Hércules"* fue capturar al *Cancerbero;* y DANTE ALIGHIERI [1265-1321] lo menciona en el *Canto VI* de su *"Divina Co-*

nuestro glorioso Señor ha acallado y silenciado para siempre sus ladridos en contra de aquellos que en él creen. La trinidad del pecado es vencida por la Trinidad del cielo. La no imputación es la esencia misma del perdón: el creyente peca, pero su pecado no le es imputado, no se le tiene en cuenta. Algunos teólogos sacan espuma por la boca bramando contra el concepto de justicia imputada,[61] ya sea en el sentido de que nuestro pecado no nos sea imputado a nosotros, o atribuida a lo que expresa Pablo cuando dice: *"Dios atribuye justicia sin obras"*[62]. Bienaventurado es, ciertamente, aquel que tiene un sus-

---

media". La *Real Academia de la Lengua Española* admite como definición de cancerbero "portero o guarda severo o de bruscos modales" y lo da como sinónimo de "portero" en el ámbito futbolístico y deportivo.

[61] Al parecer, el primero en traducir el término griego *logizomai* (utilizado once veces por Pablo en el capítulo cuatro de Romanos) como *"imputado"* fue Erasmo de Rotterdam (de quien al parecer la asimiló Lutero) ya que hasta entonces la *Vulgata Latina* lo había traducido como *"reputado"*. La discusión teológica entre *"justicia imputada"* y *"justicia reputada",* o mejor dicho *"justicia infusa",* fue encarnizada entre católicos y protestantes en época de la Reforma. La *"justicia imputada"* se entiende como la justicia de Jesús únicamente por su gracia aplicada al creyente sin que sea necesaria ninguna actuación de su parte, es decir sin obras. En la *"justicia infusa",* por el contrario, Dios otorga al pecador la justicia de Cristo de tal manera que se convierta en parte de su persona, y se complementa con las obras. La discusión teológica al respecto es compleja, pues interpretaciones partidista de algunos textos (Efesios 2:9; Santiago 2:14) llevan al extremismo, donde ambas partes tienen razón y ninguna la tiene. Hoy en día el debate con la Iglesia Católica sobre este tema está prácticamente zanjado, hasta el punto que existe un acuerdo firmado entre Luteranos y Católicos Romanos sobre la justificación por la fe.

[62] Romanos 4:6.

tituto que ocupa su lugar y en quien todas sus cuentas pendientes quedan saldadas.

Y en cuyo espíritu no hay engaño. El que ha sido perdonado ha aprendido a ser sincero y a ver las cosas con honestidad en todos los casos: respecto a sí mismo, respecto a su pecado, y respecto a su Dios. El perdón no es una farsa, y la paz que trae no es producto de hábiles trucos de conciencia. El autoengaño y la hipocresía no traen bienaventuranza, puede que alcancen a drogar temporalmente el alma en un infierno de sueños apetecibles, pero en el cielo de la verdadera paz sus artimañas no surten efecto. Libre de culpa, libre de doblez. Los que han sido justificados de sus faltas, son santificados de sus falsedades.[63] El mentiroso no es un alma perdonada. La traición, la añagaza, la doblez, el disimulo, son rasgos propios de los hijos del diablo; pero el que ha sido limpiado de su pecado es una persona veraz, sincera y sencilla como un niño. Los farsantes y tramposos, con todas sus maquinaciones, trucos, sigilos y fingimientos, no alcanzan a ser felices ni son objeto de bienaventuranza; viven con demasiado miedo a ser descubiertos como para encontrarse a gusto, tienen su casa edificada al borde del volcán, y su porción será la destrucción eterna. Fijémonos nuevamente en las tres palabras utilizadas para describir el pecado, y en las tres empleadas para representar perdón; sospesémoslas bien y reparemos en su significado.

C. H. Spurgeon

---

[63] De nuevo tenemos aquí uno se esos juegos de palabras tan típicos de Spurgeon *"Free from guilt, free from guile. Those who are justified from fault are sanctified from falsehood"*.

Bienaventurado el hombre a quien Jehová no imputa iniquidad. Aben Ezra[64] hace de este texto la siguiente paráfrasis: «E*n cuyos pecados Dios no piensa, no los considera con objeto de llevarlos a juicio, los tiene como si no existieran*»[65]. En griego οὐ μή λογίζομα, *ou me logizomai,* significa "no contar o imputar como deuda algo que merece castigo". Para nosotros, la remisión es totalmente gratuita,

---

[64] Se refiere al erudito judío español, el rabino ABRAHAM BEN MEIR IBN EZRA [1092-1167] más conocido por el nombre de ABEN EZRA, uno de los intelectuales más ilustres de la Edad Media, apodado "El Sabio", "El Grande" y "Doctor Admirable". Nació en Tudela (Navarra, España) en la época de dominio musulmán y salió de España en el 1140 escapando de la persecución desencadenada por los almohades. Mantuvo desde entonces una vida errante que lo llevó al Norte de África, Israel, Francia e Inglaterra. Se desconoce el lugar de su muerte, algunos piensan que en Calahorra y otros afirman que en Roma o Tierra Santa. Sus trabajos intelectuales y literarios abarcan muchos campos del saber: filosofía, astronomía, medicina, poesía, lingüística y de manera especial la exégesis bíblica. Su método de exégesis, basado en la aproximación al sentido del texto partiendo de principios gramaticales, marcó un hito en la exégesis bíblica, por lo que sus comentarios al texto bíblico son especialmente conocidos y apreciados.

[65] Dice AGUSTÍN DE HIPONA [353-429] al respecto: «Su pecado ha sido cubierto, tapado, enterrado, sepultados, abolido. Si Dios ha cubierto su pecado es porque no ha querido verlo; y si no ha querido verlo es porque no ha querido reparar en él; y si no ha querido reparar en él es porque no ha querido castigarlo; y si no ha querido castigarlo es porque ha decidido no reconocerlo, ha preferido ignorarlo. ¡Dichoso aquel cuyas culpas han sido perdonadas y cubierto su pecado! Sí, sepultado. Pues cuando dice *"y cubierto su pecado"* no dice cubierto en el sentido de tapado, como si debajo de su cobertura pudiera seguir existiendo, continuara vivo. ¡No! ¿Por qué dice sido sepultados? Para dejar constancia de que ya no vive, que ha dejado de existir».

nuestro Sustituto[66] se ha hecho cargo de pagar el rescate, lo ha tomado sobre sí. Su sufrimiento es nuestra impunidad, sus ataduras nuestra libertad, y su castigo nuestra paz, por ello exclama el profeta: *"El castigo de nuestra paz fue sobre él, y por su llaga fuimos nosotros curados"*[67].

ROBERT LEIGHTON [1611-1684]
*"Meditations Critical and Practical on Psalm IV Psalm XXXII
and Psalm CXXX"*, 1825

Y en cuyo espíritu no hay engaño. Cuando el creyente atraviesa dificultades y tribulaciones, su mente suele estar llena de citas de la Escritura en las que basa su veredicto, pero a menudo muy mal entendidas e interpretadas. «¡Oh, –se dice la pobre alma atribulada–, está claro que este pasaje va en mi contra: *"Bienaventurado el hombre a quien Jehová no imputa iniquidad, y en cuyo espíritu no hay engaño"*! Pues en él –se reflexiona–, el salmista describe a una alma sincera, en cuyo espíritu no hay doblez ni engaño; y este no es mi caso, me da la sensación de que en mí hay mucha hipocresía; no me veo ni considero libre de doblez, y por tanto no puedo decir que sea del todo sincera». Esta deducción es sumamente débil, sí, en tanto que parte de una inferencia falsa. Por espíritu *"sin doblez"* no se entiende en modo alguno una persona en la cual no quede un solo resquicio de hipocresía en su corazón. El ser sin pecado en su sentido estricto, y consecuentemente sin engaño ni doblez, es una prerrogativa peculiar que sólo se dio aquí en

---

[66] La palabra original inglesa es *"Sponsor",* pero en este caso hemos considerado más apropiado traducirla como "Sustituto", en lugar de "Patrocinador" que es lo que correspondería.

[67] Isaías 53:5.

la tierra en la persona de Nuestro Señor Jesucristo: *"El cual no hizo pecado, ni se halló engaño en su boca"*[68]. Por tanto, cuando nos topamos con la misma frase atribuida a los santos, como el caso de Leví, que *"no fue hallada iniquidad en sus labios"*[69]; o Natanael, al que se identifica como: *"un verdadero israelita en quien no hay engaño"*[70]; es preciso entenderlo como una calificación a nivel inferior, adaptada a su estado de imperfección terrenal; y no atribuir en modo alguno al cristiano débil mientras permanece militante aquí en la tierra, azuzado por el demonio desde fuera y por un cuerpo de pecado desde dentro, aquello que es únicamente corona de Cristo en la tierra y vestidura de los santos glorificados en el cielo. Oh alma desdichada, limpia de nuevo tus ojos y vuelve a leer después estos pasajes en los que el Espíritu de Dios habla de manera tan elevada e hiperbólica sobre la gracia de sus santos; y descubrirás que no afirman en modo alguno que los creyentes tengan que ser perfectos, libres de toda injerencia de pecado. Lo que dicen, lo dicen más bien para consolar a las pobres almas caídas y eliminar de sus corazones cualquier recelo; evitando que al detectar en su interior presencia de hipocresía, infravaloren su sinceridad como si en realidad no existiera. Todo lo contrario, lo que pretende el Espíritu es manifestar su elevada estima de su santidad imperfecta, describiéndola como si fuera perfecta y pasando por alto la somera hipocresía que aún pueda subsistir en ella.

WILLIAM GURNALL [1617-1679]
"Christian in complete armour, or, a treatise of the saints war against the Devil", 1655

---

[68] 1ª Pedro 2:22.
[69] Malaquías 2:6.
[70] Juan 1:47.

Y en cuyo espíritu no hay doblez. Una vez ha sido perdonado, el creyente cuenta con el valor necesario para mostrarse y presentarse sincero y veraz ante Dios; siente que puede permitirse el abandonar la doblez en el espíritu. Pues ¿quién no está dispuesto a declarar todos sus débitos y cuentas pendientes cuando otro se ofrece para pagarlos? ¿Quién no declararía su enfermedad si estuviera seguro de que con ello le garantizan la cura? La fe verdadera no sólo sabe que la doblez no tiene sentido delante de Dios, sino también que ya no es necesaria. El creyente no tiene nada que esconder; se ve a sí mismo como trasparente, desnudo y desguarnecido delante de Dios; y una vez aprende a verse a sí mismo tal y como es, aprende también a ver a Dios tal cual Él se revela. No puede haber engaño en el espíritu de aquel que ha sido justificado por la fe, ya que por el acto de la justificación se ha restablecido la verdad en sus entrañas. En el espíritu de aquel que ve la verdad de sí mismo a la luz de la verdad de Dios, la doblez no tiene razón de ser; porque la propia verdad de Dios le muestra que en Cristo ha sido hecho perfecto, aunque en sí mismo sea el mayor de los pecadores.[71] Es consciente de que ya no se pertenece a sí mismo, porque ha sido comprado por precio,[72] y por tanto, el propósito de su vida a partir de ahora es glorificar a Dios. Y no puede haber engaño en el espíritu de aquel cuyo verdadero objetivo es glorificar a Cristo y no a sí mismo. Pero cuando una persona no es del todo sincera y fiel a Cristo, y no abandona por completo el culto a su propio ego, puede restar en ella engaño, porque su mente estará ocupada con pensamientos acerca de sí mismo más que en honor a Cristo. Sólo cuando la verdad,

---

[71] 1ª Timoteo 1:15.
[72] 1ª Corintios 6:20.

el honor, y la gloria de Cristo constituyan su prioridad y objetivo supremo, dejará a un lado su propio ego y como Cristo encomendará *"su causa al que juzga justamente"*[73].

JOHN WILLIAM REEVE
"Lectures on the Thirty-second Psalm", 1860

Y en cuyo espíritu no hay doblez. La sinceridad es cualidad indispensable para acceder a la misericordia perdonadora. No hay duda que Cristo cubre todos nuestros pecados y defectos, pero únicamente arroja su manto de perfección imputada sobre el alma sincera. *"Bienaventurado aquel a quien es perdonada su transgresión, y cubierto su pecado; bienaventurado el hombre a quien Jehová no imputa iniquidad".* De todo ello no cabe la menor duda, pero: ¿quién es ese hombre? La frase siguiente es la que le pone nombre y apellido: *"En cuyo espíritu no hay doblez".* La justicia de Cristo es el ropaje que cubre la desnudez y vergüenza de nuestra injusticia; la fe es la gracia que nos viste con tan preciada prenda, pero ¿qué fe? Únicamente la fe no fingida, tal y como Pablo la describe.[74] *"Aquí hay agua –dijo el eunuco etíope– ¿qué impide que yo sea bautizado?".* La respuesta de Felipe fue clara y contundente: *"Si crees de todo corazón, bien puedes"*[75]. Lo que equivale a decir: el único obstáculo a tu deseo sería, en todo caso, un corazón hipócrita. Pues únicamente el corazón falso y engañoso encuentra cerradas las puertas de la misericordia.

WILLIAM GURNALL [1617-1679]
"Christian in complete armour, or, a treatise of the saints war against the Devil", 1655

---

[73] 1ª Pedro 2:23.
[74] 2ª Timoteo 1:5.
[75] Hechos 8:36-37.

Y en cuyo espíritu no hay engaño. El engaño o doblez de espíritu es una corrupción interna en el alma del hombre, que lo lleva a engañarse a sí mismo ante Dios en lo que respecta a su propia salvación.

THOMAS TAYLOR [1576-1632]
"David's Learning: or the Way to True Happiness", 1617

Vers. 3 *Mientras callé, se envejecieron mis huesos en mi gemir todo el día. [Mientras callé, se consumieron mis huesos en mi gemir todo el día. RVR77] [Mientras guardé silencio, mis huesos se fueron consumiendo por mi gemir de todo el día. NVI] [Mientras callé mi pecado, mi cuerpo se consumió con mi gemir durante todo el día. LBLA]*

Se consumieron mis huesos. Cuando por negligencia fallé en confesar, o desesperado no me atreví a hacerlo, mis huesos, los fuertes pilares de mi estructura física, las partes más sólidas de mi constitución corporal, envejecieron, comenzaron a consumirse, a debilitarse y a decaer, porque mi dolor era tan intenso que minaba mi salud y aniquilaba toda mi energía vital. ¡Qué muerte tan terrible es la muerte en el pecado! ¡Es una enfermedad pestilente! ¡Un fuego en los huesos! Cuanto más tratamos de disimularlo tapándolo y confinándolo a nuestro interior, más ruge por dentro, se hincha de manera horrible cual herida infectada y nos atormenta con un dolor insoportable.

En mi gemir todo el día. Logró por un tiempo ocultar y silenciar su confesión, pero no su tristeza. A David, el horror que emanaba de su terrible culpa le llevó a exhalar incesantes lamentos, hasta el punto que su voz ya no se parecía siquiera al lenguaje articulado del hombre, pues tan llena estaba de sollozos y gemidos que parecía más bien el ronco rugido de una bestia herida.[76] Nadie conoce mejor la intensidad de los dolores que provoca la convicción de pecado que aquel que ha pasado por ellos. El potro, la rueda, el hierro candente: son tormentos fáciles de soportar comparados con el *Tofet*[77] de una conciencia acusadora ardiendo dentro del pecho; mejor es padecer todas las enfermedades que aquejan la carne que caer bajo el

---

[76] Comenta AGUSTÍN DE HIPONA [353-429]: « *"Mientras callé se envejecieron mis huesos en mi gritar"* ¿Se contradice el salmista? Si *"calló"*, ¿cómo dice que *"gritó"*? y si *"gritó"*, ¿por qué dice que *"calló"*? Calló unas cosas y gritó otras; gritó las consecuencias de su pecado, pero calló el origen de su falta; calló la confesión de su delito mientras gritaba la presunción de su inocencia. Calló donde tenía que haber hablado y habló donde tenía que haber callado: proclamó sus méritos y ocultó sus pecados. ¿Y qué le sucedió? Que envejecieron sus huesos. Si hubiera procedido a la inversa, si hubiera gritado sus pecados y callado sus méritos, sus huesos habrían rejuvenecido, es decir, el Señor lo habría robustecido por el hecho de haber admitido y reconocido su propia su debilidad: *"Bástate mi gracia; porque mi poder se perfecciona en la debilidad"* (2ª Corintios 12:9). Pero pretendiendo hacerse fuerte, se hizo débil, y *"se envejecieron sus huesos"* ». Pues como bien indica CASIODORO [485-583]: «Nadie en su sano juicio puede pretender que aquello que esconde ocultándolo en las profundidades de su conciencia quedará oculto a los ojos del Señor».

[77] TOFET es un lugar cercano a Jerusalén en el Valle de Hinón o Valle de la Gehena, donde los cananeos sacrificaban niños al dios Moloch quemándolos vivos, y los israelitas cayeron en la misma práctica idolátrica. El término hebreo תֹּפֶת *Topheth* deriva posiblemente del hebreo תוף *toph*, "tambor", porque al parecer mientras se realizaban los sacrificios se hacían sonar fuertes tambores para ensordecer los llantos de los niños y de sus madres. Se menciona en la Biblia en Jeremías 7:31,32; 32:35 y en 2ª Reyes 23:10. En la cultura anglosajona la expresión *"Tophet's Fire"*, "El Fuego de Tofet", se utiliza como sinónimo del fuego del Infierno.

sentimiento aplastante de la ira del Dios Todopoderoso.[78] La Inquisición Española con todos sus tormentos, no era nada comparado con el suplicio y desazón de una conciencia culpable dentro del corazón.

C. H. Spurgeon

Se consumieron mis huesos. Dios no hace la vista gorda ante los pecados de los elegidos, todo lo contrario: los juzga con más dureza y los castiga con mayor rigor que en el caso de los réprobos. Las penas y dolores de David eran en parte externos y en parte internos. Por externos entiendo aquellos que deterioraban su cuerpo físico; por internos, los que afligían su conciencia. Esos dolores externos, o de su cuerpo físico, consistían en un deterioro y decaimiento general en forma de profunda fatiga; un dolor agudo y punzante en sus huesos acerbo y doloroso, casi insoportable, como sabemos por experiencia. Y esto hay que entenderlo como un justo castigo divino. Cuando malgastamos nuestras fuerzas cometiendo pecados, Dios las disminuye, y nos debilitamos. Sansón malgastó sus fuerzas con Dalila, y esto le acarreó una debilidad tan tremenda que lo dejó indefenso.[79] Aprendamos, pues, que Dios nos ha proporcionado los huesos del esqueleto y la fortaleza física que de ellos deriva para otros usos más nobles, es decir, para que le sirvan a él, no para malgastarlos y prodigarlos sirviendo al diablo.

Archibald Symson [1564-1628]
*"A Sacred Septenarie or A godly and fruitful exposition on
the seven Psalmes of repentance"*, 1623

---

[78] Salmo 139:7-12; Hebreos 10:31.
[79] Jueces 16:4-21.

Se consumieron mis huesos. Por huesos se entiende aquí tanto la fortaleza física del cuerpo como la fortaleza del alma. La conciencia de pecado y el terror al juicio quebrantan por completo el corazón del verdadero penitente, dejándolo endeble y desvalido. Siempre y cuando, por supuesto, mantenga la conciencia de que su pecado merece la muerte, que el juez está presto a pronunciar la sentencia condenatoria, que el infierno está abierto para devorarlo, y los ángeles malignos, verdugos de Dios, dispuestos para arrastrarlo hacia él.

SAMUEL PAGE [1574-1630]
"David's Broken Heart", 1646

Se consumieron mis huesos en mi gemir todo el día. David no sólo llora su pecado, sino que ruge, por así decirlo, como una bestia dolorida.[80] El sentido del texto original hebreo se ajusta más a la idea de alguien que escapa a un desierto solitario para dar rienda suelta a su dolor contenido gritando a todo pulmón, que no a la de alguien que solloza a solas encerrado en una habitación apartada. En otros pasajes habla de *"inundar todas las noches de llanto mi lecho y regar mi cama con lágrimas"*[81], pero aquí en concreto, lo que nos dice es que *"ruge"* todo el día. Y ruge porque *"su savia vital se ha secado"* (32:4), y sus *"huesos"*, los pilares que sostienen la casa de su cuerpo físico, han envejecido, tiemblan y se derriten como la cera.

ALEXANDER CARMICHAEL [1639-1677]
"The Believer's Mortification of Sin by the Spirit", 1677

---

[80] El término hebreo que nuestras versiones traducen como *"gemir"* es יִתַגֲאַשְׁבְּ *bǝša'ăḡāṯî* de שְׁאָגָה *she'âgâh*, y significa también "león" o "el rugido de un león" (Isaías 5:29: Zacarías 11:3). La KJV lo traduce como *"roaring"*.

[81] Salmo 6:6.

Vers. 3-5. David en estos versículos expone su propia experiencia. No hay instructor más eficiente que aquel que da testimonio de lo que sabe porque lo ha vivido y experimentado en propia persona. Nadie escribe mejor que aquel que como la araña teje la tela con el hilo que sale de sus propias entrañas.

C. H. SPURGEON

Vers. 4. *Porque de día y de noche se agravó sobre mí tu mano; se volvió mi verdor en sequedades de verano. Selah. [Porque de día y de noche pesaba sobre mí tu mano; se volvió mi verdor en sequedades de estío. Selah. RVR77] [Mi fuerza se fue debilitando como al calor del verano, porque día y noche tu mano pesaba sobre mí. Selah. NVI] [Porque día y noche tu mano pesaba sobre mí; mi vitalidad se desvanecía con el calor del verano. (Selah). LBLA]*

Porque de día y de noche pesaba sobre mí tu mano. Si el dedo de Dios basta para aplastarnos, ¡qué no podrá hacernos su mano! Y David la tenía puesta encima, presionándole de continuo.[82] El hombre que vive bajo los terrores de su con-

---

[82] Pregunta AGUSTÍN DE HIPONA [353-429]: «¿Qué quiere decir el salmista con esto de *"pesaba sobre mí tu mano"*? Recordad la parábola del fariseo y el publicano. ¿Qué dice del fariseo? Que fue humillado. ¿Y del publicano? Que fue ensalzado. ¿Y por qué fue el fariseo humillado? Por haberse ensalzado a sí mismo. ¿Y por qué fue ensalzado el publicano? Por haberse humillado. Pues bien, Dios humilla al que se ensalza a sí mismo haciendo pesar su mano sobre él. El fariseo no se quiso humillar confesando su pecado, pero fue humillado por el peso de la mano de Dios. ¡Cuán pesada resultaría esa mano sobre fariseo al que humillaba! ¡Y cuán lige-

ciencia tiene poco descanso, ni de día ni de noche; porque los pensamientos sombríos y acusatorios que acumula a lo largo del día lo acosan por la noche en su dormitorio, lo persiguen en sueños y lo despiertan con sobresalto, dejándolo aterrorizado y envuelto en un sudor frío. Más fácil resulta acarrear como Atlas[83] el globo terráqueo encima del hombro que soportar como David la mano de Dios encima del corazón.

Se volvió mi verdor en sequedades de estío. Se secó la savia de su alma, y por simpatía, su cuerpo parecía haber sido despojado de sus fluidos vitales. El aceite de la lámpara de su vida se estaba agotando y la llama parpadeaba, amenazando con expirar. La transgresión no confesada, cual veneno ponzoñoso, seca las fuentes de vitalidad del hombre, dejándolo cual árbol sacudido por un relámpago o planta marchita por los rayos abrasadores de un sol tropical. ¡Ay de la pobre alma desdichada que habiendo tomado conciencia de su pecado se olvida de su Salvador, pues ciertamente lo pasa muy mal!

Selah. Era momento de cambiar de melodía. Las notas hasta aquí pulsadas eran excesivamente graves dentro de la escala y las cuerdas del arpa rozaban sus límites con un tañer forzado: el versículo siguiente se ajustará a una tonalidad distinta, entonará un tema más alegre.

C. H. SPURGEON

---

ra se haría elevando sobre su palma al publicano que ensalzaba! Tanto en un caso como en el otro obró con poder la mano divina: en uno para oprimirlo y humillarlo poderosamente, en el otro para levantarlo y ensalzarlo también poderosamente».

[83] Según la mitología griega ATLAS o ATLANTE, en griego "el portador" o "el sostenedor", era un joven titán. Tras ser derrotados los titanes en su guerra contra las divinidades del Olimpo, Atlas fue condenado por Zeus a cargar sobre sus hombros con los pilares que soportaban la tierra. A partir del siglo XVI, ya en las culturas modernas, la idea de Atlas cargando con el globo terráqueo ha quedado como símbolo de fuerza o resistencia estoica.

Pesaba sobre mí tu mano. Una mano de *corrección,* con la que Dios golpea y flagela a sus propios hijos. La idea del poder de Dios castigando o corrigiendo, lo describe la Escritura como la mano de Dios.[84] La *"mano de Dios"* estaba irritada con los de Ecrón a causa del Arca, y *"se había agravado allí"* de manera especial, causando entre ellos gran mortandad. De todo ello aprendemos tres cosas importantes: en primer lugar, que todas las aflicciones son por acción de la mano de Dios; en segundo lugar, que con frecuencia Dios deja caer su mano duramente sobre sus amados; y en tercer lugar, que a veces Dios mantiene la presión de su mano sobre ellos largamente, de noche y de día.

Thomas Taylor [1576-1632]
"David's Learning: or the Way to True Happiness", 1617

Se volvió mi verdor en sequedades de estío. Los significados que pueden atribuirse a estas palabras son diversos, entre ellos, el de que el salmista se refiere a una sequía espiritual.

Charles H. Bingham
"Lectures on the Thirty-second Psalm", 1836

Se volvió mi verdor en sequedades de estío. En Palestina el verano va desde mediados de agosto hasta mediados de noviembre. Y la intensidad del calor es tal que se hace intolerable (…) Hasta comienzos o mediados de septiembre no hay chubascos, la lluvia es tan escasa en verano como la nieve en invierno (...) La hierba de los campos está tan seca que prende con gran facilidad, derivando en

---

[84] 1ª Samuel 5:11.

incendios devastadores; y sedienta, la tierra se agrieta, creando un escenario dantesco.

JOHN EADIE [1810-1876]
"Biblical Cyclopaedia", 1868

Se volvió mi verdor en sequedades de estío. En su relato sobre las condiciones meteorológicas en Alepo,[85] muy similares a las de Judea, El Dr. Russell[86] dice que el verdor de la primavera se desvanece antes de mediados de mayo, y antes de finalizar este mismo mes el país entero toma un aspecto tan seco que fácilmente cabría pensar que se trata de una tierra estéril incapaz de producir nada. Son muy pocas las plantas que cuentan con vigor suficiente para resistir temperaturas tan extremas.

THOMAS HARMER [1715-1788]
"Observations on various Passages of Scripture", 1774

Se volvió mi verdor en sequedades de estío. Durante los doce años comprendidos entre 1846 a 1859, en Jerusalén sólo llovió entre los meses de mayo y octubre escasamente un par de veces. Una vez fue en julio de 1858 y la otra en junio de 1859.

JOHN WHITTY [1760-1826]
"Water Supply of Jerusalem Ancient & Modern", 1864
citado por JOHN KITTO [1804-1854]
"The Cyclopaedia of Biblical Literature", 1845

---

[85] Ciudad del noroeste de Siria situada unos ciento veinte kilómetros tierra adentro desde el Mar Mediterráneo, a mitad de camino en la ruta comercial que une la costa mediterránea y el Éufrates, y capital de la provincia que lleva el mismo nombre.
[86] Se refiere a MICHAEL RUSSELL [1781-1848] autor de *"Palestine or the Holy Land From the Earliest Period to the Present Time"*, 1832.

*Porque de día y de noche pesaba sobre mí tu mano;
se volvió mi verdor en sequedades de estío.* Si Dios aflige
y castiga de una manera tan dura y dolorosa a aquellos a
quienes ama y le son propicios, ¡cuánto más duramente
castigará a aquellos que no le son propicios!

GREGORIO MAGNO [540-604]

Vers. 4, 5. Si nuestras ofensas han sido no como
mosquitos, sino como camellos,[87] nuestro castigo habrá
de ser no una gota de agua, sino un océano entero. Los
pecados carmesí requieren lágrimas de sangre; y si Pedro tuvo que llorar amargamente,[88] es debido a que pecó
vergonzosamente.[89] Por tanto, si tu vida anterior ha sido
una retahíla de iniquidades, una gruesa cuerda trenzada
con hilos de pecado, un escrito repleto de borrones, un
torrente manchado con transgresiones diversas y graves:
multiplica tus confesiones y amplía tu humillación; do-
bla tus ayunos y triplica tus oraciones; derrama tus lágrimas y exhala profundos suspiros. En una palabra: in-
crementa tu arrepentimiento y humillación, aunque eso
sí, sabiamente y con medida, pues como dice el apóstol
en otro pasaje de la Escritura: *"no os entristezcáis como
los otros que no tienen esperanza"*[90], pues cuentas con la
plena seguridad de que ante tu arrepentimiento sincero y
apropiado, la bondad divina va a perdonarte sin excepción todos los pecados cometidos.

NATHANAEL HARDY [1618-1670]

---

[87] Mateo 23:24.
[88] Lucas 22:62.
[89] Marcos 14:66-72.
[90] 1ª Tesalonicenses 4:13.

Vers. 5 *Mi pecado te declaré, y no encubrí mi iniqui-dad. Dije: Confesaré mis transgresiones a Jehová; y tú perdonaste la maldad de mi pecado. Selah.* [*Mi pecado te declaré, y no encubrí mi iniquidad. Dije: Confesaré mis transgresiones a Jehová; y tú perdonaste la maldad de mi pecado. Selah. RVR77] [Pero te confesé mi pecado, y no te oculté mi maldad. Me dije: «Voy a confesar mis trans-gresiones al Señor», y tú perdonaste mi maldad y mi peca-do. Selah. NVI] [Te manifesté mi pecado, y no encubrí mi iniquidad. Dije: Confesaré mis transgresiones al Señor; y tú perdonaste la culpa de mi pecado. (Selah). LBLA]*

Mi pecado te declaré. Tras un largo período de con-flicto interno, finalmente el corazón quebrantado admite lo que debía haber hecho desde el primer momento y deja su pecho al descubierto ante el Señor. Antes de poder ali-viar el mal hay que dejar que el bisturí penetre hasta lo más hondo en la herida.[91] Si pretendemos ser perdonados debemos reconocer nuestra culpa, ya que si el orgullo nos impide hacerlo, merecemos doble castigo.

Y no encubrí mi iniquidad. Debemos confesar tanto nuestra culpa como el hecho mismo del pecado. Es inútil ocultarlo, puesto que Dios lo conoce bien, y a quien más beneficia la confesión es a nosotros mismos, ya que una confesión completa y en toda regla ablanda y humilla el

---

[91] Sobre esto opina EVAGRIO DEL PONTO [345-399]: «El salmista demuestra su sinceridad acusándose a sí mismo y confesando su pecado al comienzo de su discurso, como corresponde a una per-sona recta y justa». Dice AGUSTÍN DE HIPONA [353-429]: «Los que tapan sus pecados son desnudados; pero David se desnudó para ser cubierto». Es decir, no tuvo reparo en desnudarse de entrada, y la valió para salir vestido con todos los honores (Lucas 15:21-22).

corazón. Nuestra obligación es desvelar las interioridades y secretos de nuestra alma hasta donde alcance nuestro conocimiento, desenterrar el tesoro oculto de Acán[92] y sacar a la luz exhaustivamente nuestros pecados.[93]

Dije. Esto expresa su firme resolución.

Confesaré mis transgresiones al Señor.[94] No a mis semejantes o al sumo sacerdote, sino al Señor. No deja de

---

[92] Josué 7:21-23.

[93] CARL FRIEDRICH KEIL y FRANZ DELITZSH [1813-1890] en su *Biblical Commentary on the Old Testament* citan aquí a AGUSTÍN DE HIPONA [353-429] cuando afirma *"Intelligentia prima est ut te noris peccatorem",* "el principio de toda inteligencia consiste en reconocerse pecador".

[94] La *Vulgata,* más explícita, traduce: *"Confitebor adversûm me",* es decir "confesaré en mi contra" o "testificaré en contra de mí", respecto a lo cual comenta AGUSTÍN DE HIPONA [353-429]: «¿Por qué dice *"en mi contra"?* ¿No hubiera sido suficiente con decir *"Confesaré al Señor mi iniquidad?* ¿Por qué detalla y puntualiza *"en mi contra"?* Porque tiene su importancia, pues hay quienes a la hora de confesar su pecado eluden su responsabilidad dándole la culpa al Señor; y cuando son sorprendidos en algún pecado dicen: "Dios así lo quiso, era su voluntad". Si alguien niega abiertamente su pecado afirmando: "no es cierto que hice esto"; o bien se excusa diciendo: "de acuerdo, lo hice pero creía que no era pecado", está eludiendo su propia responsabilidad, no admite su culpa, no confiesa contra sí mismo, pero tampoco acusa a Dios. Pero cuando uno dice: "Ciertamente cometí ese pecado y reconozco que es pecado, pero Dios lo permitió, el diablo me engañó ¿qué podía hacer yo?", eso más que admitir la propia culpa es responsabilizar a Dios de nuestro delito, ya que si bien fue el diablo quien me tentara, yo di mi consentimiento dando cabida a su persuasión. Puede que me digáis: "esto no lo hace nadie; ¿quién se atrevería a decir que Dios ha querido o permitido que pecara?" Cierto, nadie lo afirma directamente y de manera explícita, pero sí dicen: "Fue el destino, fue mi horóscopo, mi signo en las estrellas". Esto no es más que una burda excusa, un rodeo para acusar

ser significativo que incluso en aquellos tiempos en los que todo funcionaba a través de símbolos, los fieles acudieran directamente a Dios en busca de liberar la carga intolerable de su pecado. ¡Cuánto más ahora que los tipos y sombras se han desvanecido ante la aparición de la Aurora de revelación! Cuando el alma está dispuesta a rebajarse, se humilla y se declara culpable, la absolución está al alcance de la mano, por ello es que leemos:

Y tú perdonaste la maldad de mi pecado. No tan solo le fue perdonado el pecado mismo, sino también la ini-

---

a Dios de nuestras acciones. ¿Pues qué es el destino? "¡Ah, era mi signo en las estrellas!". ¿Y qué son las estrellas? Por lo menos las que contemplamos en el cielo. ¿Quién las hizo? Dios. ¿Quién las puso en su lugar? Dios. ¿Os dais cuenta de la farsa? Decir que era mi signo, mi horóscopo, que fueron las estrellas, es lo mismo que afirmar que fue Dios quien hizo que pecáramos, señalándolo a él como pecador y presentándonos nosotros como justos, puesto que si él no las hubiera creado, nosotros no habríamos pecado. ¡Fuera todas las excusas! He visto a gente importante y de alcurnia tratando de evadirse de sus pecados por este método fútil; estudiando los astros y haciendo cálculos con las estrellas y los tiempos, tratando de predecir cuándo uno va a pecar o no; cuándo Marte lo convertirá en homicida o Venus hará que adultere. Y los que tal hacen pasan por grandes personajes, hombres importantes y cultos de este mundo. Mas ¿qué leemos en otro salmo? *"Guárdame, oh Señor, de manos del impío; líbrame de aquellos que proyectan trastornar mis pasos"* (Salmo 140:4). No me importa lo muy doctos y eruditos que sean los analistas de estrellas; me tiene sin cuidado que la gente califique de sabios a quienes dicen poder leer los destinos del mundo en la palma de su mano y describir la conducta de las personas consultando su horóscopo. A mí, Dios me ha creado con libre albedrío; de modo que si he pecado, soy yo el ha pecado, y por tanto, confesaré ese pecado al Señor asumiendo toda mi responsabilidad, es decir *"confesaré en mi contra"*, no tratando de eludir mi responsabilidad acusándolo a él».

quidad involucrada en él. Tan pronto como hubo reconocimiento, el virus de la culpa fue aniquilado de golpe. El perdón de Dios es profundo y completo. El cuchillo de la misericordia divina corta de un solo tajo y de raíz las malas hierbas del pecado.

Selah. Aquí se requería otra pausa, puesto que el tema no es de los que se pueda expeditar o tratarse con prisas.

Detente, alma mía, ¡adora y asómbrate!

> *Detén, alma mía, tu adoración y fervor*
> *Pregúntate ¿por qué a mí tanto amor?*
> *La gracia ha incluido mi persona*
> *Entre la familia del Salvador*
> *¡Aleluya!*
> *Gracias eternas al Redentor*[95]

C. H. SPURGEON

---

[95] Se trata de un antiguo y bien conocido himno inglés, cuyas dos primeras estrofas (la que cita Spurgeon es la segunda) son anónimas. Fue completado posteriormente por el evangelista y escritor de himnos JAMES GEORGE DECK [1802-1884], con dos estrofas adicionales. Figuraba ya en una antigua colección de himnos publicada en un viejo himnario de los marineros, procedente de una recopilación de himnos hecha por CHARLES DOLLE; y también en el *"Libro Devocional de Abraham Lincoln"*: en sus primeras páginas, el primer día del mes de enero, debajo del epígrafe *"The Believer the Object of Divine Love"*, figura también la segunda estrofa de éste himno: *"Pause, my soul, adore and wonder, / Ask, O why such love to me? / Grace hath put me in the number / Of the Saviour's familiy. / Hallelujah! / Thanks, eternal thanks, to thee."* Era uno de los himnos favoritos de Spurgeon y lo citaba repetidamente en sus sermones y especialmente en sus exposiciones sobre la doctrina calvinista de la elección.

Mi pecado te declaré, y no encubrí mi iniquidad. El hombre piadoso es franco y abierto a la hora de reconocer y confesar sus pecados. El hipócrita los disimula y trata de encubrirlos; no *abscindere peccatum*, sino que más bien *abscondere peccatum*, es decir, no admite los pecados sino que los esconde; como hace el enfermo que sabiendo que padece una enfermedad repugnante, elige mantenerla en secreto y prefiere morir antes que confesarla y reconocerla. Pero la sinceridad del hombre piadoso se ve en esto, en que reconoce, confiesa y se avergüenza de su pecado: *"He aquí, yo soy el que ha pecado, y yo soy el que ha hecho mal"*[96]. El verdadero hijo de Dios confiesa su pecado de manera completa y detalladamente. Los cristianos superficiales confiesan sus pecados genéricamente, de manera global, admiten que son pecadores pero sin entrar en detalles. David, por decirlo de algún modo, pone el dedo en la llaga: *"He cometido este mal delante de tus ojos"*[97]; no se limita a decir que hecho mal, sino que concreta y especifica, he cometido *"este mal"*, reconociendo y dando a entender con ello que lo que había hecho era derramar sangre.

THOMAS WATSON [1620-1686]
"The Beatitudes", 1660

Dije: Confesaré mis transgresiones a Jehová; y tú perdonaste la maldad de mi pecado. Sé tu propio fiscal, preséntate tú mismo como acusador en la franca confesión de tus pecados ante Dios. Di como el hijo pródigo: *"Peccavi pater"*, "Padre, he pecado contra el cielo y

---

[96] 2ª Samuel 24:17.

[97] Salmo 51:4. Las versiones castellanas suelen traducir *"he hecho lo malo"*, pero la KJV puntualiza mucho más añadiendo el pronombre demostrativo: *"done this evil in thy sight"*, "he cometido **este** mal".

contra ti"[98]. Pues en el tribunal del cielo las cosas no funcionan del mismo modo y procedimiento que en nuestros juicios terrenales. Ante los hombres, una confesión franca y sincera implica una condena segura, por lo que es necesario esconder, mentir, tergiversar, disimular; pero ante Dios, cuanto más se confiesa el pecador, cuanto más admite y reconoce su delito, más se aplaca y atenúa la ira de su Juez. El pecado no puede por menos que reclamar justicia, puesto que es una ofensa a Dios; no obstante, una vez reconocido y transformado en herida para el alma pecadora, lo que hace es moverlo a misericordia y clemencia. Razón por la cual a David, habiendo resuelto confesar sus pecados, le fue concedida de inmediato la absolución. Como dice Agustín: «*Tu agnosce, et Dominus ignoscet*», "Si tú los admites, el Señor los ignora". Sé sincero en tu confesión y Dios será fiel en perdonarte.[99] Y como bien dice Hilario:[100] «*confessio peccati ser professo desinendi*», "la admisión y confesión de tu pecado conlleva la obligación de abandonarlo": *El que encubre*

---

[98] Lucas 15:21.

[99] 1ª Juan 1:9.

[100] Se refiere a HILARIO DE POTIERS [315-367], Obispo, Padre y doctor de la Iglesia conocido como el «Atanasio de Occidente», porque junto con Atanasio combatió ardientemente el arrianismo y participó en las polémicas teológicas defendiendo la ortodoxia. Nacido en una familia pagana, poco después de su conversión, hacia el 353, fue nombrado obispo de Poitiers con la aprobación de todo el pueblo, pero tuvo que exilarse en Asia Menor debido a su rechazo de las tendencias arrianas que había en la Iglesia de las Galias (Francia). Durante el destierro, adquirió conocimientos de primera mano sobre la teología oriental. Después de cuatro años de destierro, volvió a su patria y "la Galia entera –dice San Jerónimo–, abrazó al héroe que volvía del combate victorioso y con la palma en la mano".

sus pecados no prosperará, mas el que los confiesa y los abandona hallará misericordia"[101].

ISAAC CRAVEN [¿?-1660]
"Gods tribunall and mans tryal" a Sermon at Paul's Cross", 1630

Dije: Confesaré mis transgresiones a Jehová; y tú perdonaste la maldad de mi pecado. Aún las personas que han sido justificadas[102] y cuyos pecados han sido perdonados, siguen obligadas a confesar el pecado a Dios. Hay diversos interrogantes que se plantean con respecto a este punto. El primero: ¿Cuáles son las razones por los que una persona justificada y perdonada debe confesar sus pecados a Dios en privado? Hay seis razones. En primer lugar, porque hacerlo confiere una dosis de tranquilidad y de santa paz en la mente del pecador; esconder la culpa y evadir la confesión, hunde la conciencia del pecador en un círculo vicioso de horror y espanto. En segundo lugar, porque a Dios le complace escuchar las confesiones y lamentos de su pueblo. Bajar la mirada en señal de culpabilidad es el mejor gesto, y vestir de luto la mejor prenda con la que Dios se agrada. En tercer lugar, porque la confesión del pecado incentiva al corazón para que multipliquen sus súplicas fervientes y decididas a Dios: *"orará a ti todo santo en el tiempo en que puedas ser hallado"* (32:6). La confesión hace al alma lo que la piedra de afilar al cuchillo, lo aguza y mejora su eficacia. Confesar nuestras faltas a Dios aguza el filo de nuestra vida espiritual y hace más eficaces nuestros ruegos: quien confiesa con desgana orará con

---

[101] Proverbios 28:13.
[102] Romanos 5:1.

debilidad. Una cuarta razón, es porque la confesión del pecado opera contrición en la mente del creyente y genera un sentimiento de tristeza por el pecado en su corazón: *"Confieso, pues, mi iniquidad; afligido estoy a causa de mi pecado"*[103]. El reconocimiento obra compunción. La confesión del pecado filtra la razón de ese pecado por el tamiz de la conciencia, lo que hace ruborizar al pecador sacándole los colores de la cara y produciéndole dolor en el corazón. La quinta, porque la confesión secreta del pecado glorifica a Dios en gran manera. Da gloria a su justicia: al confesar mi pecado estoy reconociendo que, en justicia, Dios me puede condenar por motivo del mismo. Da gloria a su misericordia: al confesar mi pecado estoy reconociendo que la misericordia de Dios es la única cosa que puede salvarme. Da gloria a su omnisciencia: al confesar mi pecado estoy reconociendo que Dios lo conoce. Y finalmente, la sexta y última razón por la que una persona que ha sido justificada debe confesar su pecado ante Dios es porque hacerlo nos granjea por un lado el amor de Cristo, y hace por el otro que el pecado nos resulte más amargo, alejándonos de él.

CHRISTOPHER LOVE [1618-1651]
"Soul's Cordial", 1683

Dije: Confesaré mis transgresiones a Jehová; y tú perdonaste la maldad de mi pecado. Es una verdad incuestionable que la remisión va ligada, sin duda, a la confesión.[104] *"Tantum valent tres syllabae PEC-CA-VI"*

---

[103] Salmo 38:18.

[104] Sobre esto añade AGUSTÍN DE HIPONA [353-429]: «*"Dije: Confesaré (...) y tu perdonaste la maldad"*. No dice *"Confesé y tú me perdonaste"* sino que afirma: *"Dije: Confesaré (...) y tú per-*

dice San Agustín, "el poder de estas tres sílabas *PEC-CA-VI* (he pecado), es inmenso cuando las pronuncia un corazón contrito".

NATHANAEL HARDY [1618-1670]

Y tú perdonaste la maldad de mi pecado. Este pecado parece muy probable que fuera su adulterio con Betsabé y el asesinato de Urías. Vemos que David, para reforzar la evidencia de la misericordia perdonadora de Dios, dice que no sólo ha sido perdonado su pecado, sino también de *"la maldad"* de su pecado. Y ¿qué quiere decir con esto? Sin duda lo peor que se pueda imaginar: la complejidad de su pecado, el hecho de que fuera cometido con tanta alevosía. David actuó con perfidia, con intriga, con engaño; apostó muy arriesgadamente tratando de burlarse de Dios y embaucar a los hombres; ésta fue la maldad de su pecado, que sin duda lo agravó, tiñéndolo de un color más negro aún que el de la propia sangre que

---

donaste". Con este futuro seguido de un pasado: *"Confesaré* (...) *y tú perdonaste"* David manifiesta que aún no lo había confesado verbalmente, tan sólo tenía en su corazón la intención de hacerlo, pero el mero hecho de decir: *"Confesaré",* ya es confesarlo, y por tanto, el perdón de su iniquidad fue inmediato. La confesión no había llegado todavía a sus labios, tan sólo la había dicho en su corazón *"Confesaré",* y Dios ya la había escuchado y lo había perdonado. Su voz no había llegado aún a su boca, pero el oído de Dios estaba ya en su corazón, y perdonó su iniquidad porque había dicho: *"Confesaré"*». CASIODORO [485-583] lo ve así: «En cuanto el penitente decide en su corazón que confesará su pecado ante el Señor es absuelto de inmediato (...) *"Confesaré"* quiere decir *"lo declararé públicamente",* a fin de que mi confesión y penitencia sirva de ejemplo a otros. Del reconocimiento de su culpabilidad deriva su absolución, pues en tanto que el culpable no trata de eludir su culpa, el Juez lo exime de su delito».

había vertido. Hasta el punto que cuando Dios mismo saca a relucir la atrocidad de ese pecado, parece poner más énfasis en la perfidia y la hipocresía del mismo que en el hecho en sí, según se desprende del testimonio del profeta: *"David había hecho lo recto ante los ojos del Señor, y no se había apartado de nada de lo que él le había ordenado durante todos los días de su vida, excepto en el caso de Urías heteo"*[105]. ¿Acaso esta afirmando que David no había cometido ninguna tra transgresión ni dado otro paso en falso a lo largo de su vida aparte de éste? ¿Afirma el Espíritu de Dios que exceptuando este caso en particular, su aprobación de todo lo demás hecho por David es total y absoluta? No; sin duda el Espíritu de Dios tenía registrados muchos otros pecados que escaparon al escrutinio de este eminente siervo de Dios; pero todos los demás resultaban insignificantes al lado de éste, de modo que éste constituía la gran mancha de su vida. Pero, ¿por qué? Sin duda, porque había en éste más perfidia, más alevosía y menos sinceridad, sí, y más hipocresía que en todos los demás juntos. Aunque sin duda David había obrado mal en todos los casos en cuanto a la acción cometida, a pesar de ello su corazón había procedido en ellos de forma menos torcida a la hora de cometerlos que en este caso concreto. Aquí la herida fue muy profunda y su sinceridad quedó muy dañada, aunque no totalmente destruida, sino sólo aletargada por un tiempo. Vemos por tanto que Dios, a pesar de que su misericordia le impulsaba y su pacto le obligaba a no permitir que su siervo sucumbiera a causa de esta herida, tuvo razón en permitir que una vez curada la herida, quedara la cicatriz, como testimonio y señal de advertencia

---

[105] 1ª Reyes 15:5.

a todos aquellos a quienes David instruyera en el futuro con su experiencia, a fin de que les quedara claro que a Dios la hipocresía es lo que se le hace más abominable y odioso.

WILLIAM GURNALL [1617-1679]
"Christian in complete armour, or, a treatise of the saints
war against the Devil", 1655

Vers. 6 *Por esto orará a ti todo santo en el tiempo en que puedas ser hallado; ciertamente en la inundación de muchas aguas no llegarán éstas a él. [Por esto orará a ti todo santo en el tiempo en que puedas ser hallado; ciertamente en la inundación de muchas aguas no llegarán éstas a él. Selah. RVR77] [Por eso los fieles te invocan en momentos de angustia; caudalosas aguas podrán desbordarse, pero a ellos no los alcanzarán. NVI] [Por eso, que todo santo ore a ti en el tiempo en que puedas ser hallado; ciertamente, en la inundación de muchas aguas, no llegarán éstas a él. LBLA]*

Por esto orará a ti todo santo en el tiempo en que puedas ser hallado. Si lo que trata de decir el salmista con esto es que en razón de la misericordia a él otorgada otros serán motivados a la oración y la esperanza, su testimonio es sin duda acertado. Las respuestas dramáticas a la oración siempre incentivan y aceleran el espíritu de oración de otras personas piadosas. Cuando un hombre encuentra una pepita de oro, otros se sienten estimulados a excavar en las cercanías. Y el beneficio que nuestra propia experiencia produzca a los demás debe servirnos a nosotros para conciliarnos con ella. No hay duda que la experiencia de David ha servido para llevar a miles a buscar al Señor con un coraje esperanzado, personas que de otro modo, de haberles faltado ese ejemplo que los animara, probablemente se hubieran hundido en el desespero. También es posible que el salmista quiera decir con estas palabras que en razón de esta gracia y otras similares a él concedidas, muchas almas piadosas buscarían al Señor; y de ser así, nuevamente podemos confirmar su testimonio. Puesto que todos aquellos cuyos corazones están gobernados por la piedad, se acercan a Dios en la misma manera en que él lo hizo. El trono de misericordia, propiciatorio, es camino al cielo para todos aquellos que de otra forma jamás podrían acceder a él. Sin embargo, este acceso a través de la oración es limitado en el tiempo, el acceso es sólo por un período determinado más allá del cual esta oración resultará ya inútil: entre el momento del pecado y el día del castigo, rige la misericordia y Dios puede ser hallado; pero una vez la sentencia haya sido dictada, la súplica y las apelaciones serán inútiles, porque el Señor no será accesible para el alma condenada. Atiende, querido lector, no excedas el tiempo aceptable, no sobrepases el día de salvación. Los santos oran mientras Dios ha prometido contestar; los impíos posponen sus peticiones hasta que el Señor de la casa se haya levantado y cerrado la puerta, pero entonces será demasiado tarde para sus aldabonazos. ¡Qué bendición tan grande la de ser conducidos a buscar al Señor antes de que las aguas arrolladoras rompan sus diques de contención y devoren todo lo que encuentren a su paso! Porque cuando éstas aparezcan con todo su estruendo, nosotros ya estaremos a salvo.

Ciertamente en la inundación de muchas aguas no llegarán éstas a él.[106] Las inundaciones vendrán, y las olas

---

[106] AGUSTÍN DE HIPONA [353-429] se pregunta: «¿Y qué significa eso de *"las muchas aguas"* que amenazan con arrastrar al creyente? Son la diversidad de doctrinas. Fijaos bien hermanos, la doctrina sobre Dios es una sola, no son *"muchas aguas"* sino una sola agua, bien entendamos por ella el agua del bautismo o

de la salvación. Pues con respecto a este agua con la que somos regados por el Espíritu Santo dice: *"Bebe el agua de tu propio pozo, el agua que fluye de tu propio manantial"* (Proverbios 5:15, NVI). Y a este manantial no tienen acceso los impíos, sino solamente aquellos que creen *"en aquél que justifica al impío"* (Romanos 4:5), y que una vez justificados acuden a beber de él. Pero hay otras *"muchas aguas"* torrenciales, doctrinas heréticas que contaminan el alma de los hombres (…) Y es en este torrente arrollador de aguas tan dispares y diversas donde muchos se ven arrastrados. ¿Pues cuál es el agua verdadera sino el agua que brota del manantial escondido, de la fuente pura y cristalina de la verdad? ¿Y cuál es esa agua, hermanos, sino la que nos enseña a confesar al Señor (Romanos 10:9)? ¿Sí, cuál es ese agua sino la que nos enseña a pedir misericordia exclamando: *"Dije: Confesaré mis transgresiones al Señor"*, ten misericordia de mí, sana mi alma, porque he pecado contra ti? ¿Cuál es ese agua sino la que nos impulsa a alabarle y cantar salmos a su nombre, a anunciar su misericordia por la mañana y su fidelidad cada noche (Salmo 92:1-2)? Hermanos míos, este agua de la confesión de los pecados; este agua del corazón humillado; este agua que de nada presume ni se atribuye con soberbia poder alguno, sino que nos lleva a menospreciarnos a nosotros mismos; este agua de vida que conduce a salvación; este agua no la encontraréis en ningún libro pagano: ni de los epicúreos, ni de los estoicos, ni de los maniqueos, ni de los platónicos. En ellos encontraréis magníficos preceptos sobre la conducta, excelentes normas de disciplina y buenos consejos de auto-ayuda; pero no encontraréis esa humildad, no encontraréis agua de vida. Pues el arroyo de esa humildad fluye de otro manantial: brota únicamente de Cristo. Mana de Aquél que estando en lo más alto y siendo excelso vino a nosotros en humildad. ¿Pues qué otra cosa quiso enseñarnos si no, humillándose y haciéndose obediente hasta la muerte y una muerte de cruz (Filipenses 2:8)? ¿Qué otra cosa quiso enseñarnos si no, pagando por aquello que no debía con el fin de librarnos a nosotros de nuestra deuda? ¿Qué otra cosa quiso enseñarnos si no, bautizándose cuando no tenía pecado; y dejándose crucificar no habiendo cometido delito alguno? ¿Qué otra cosa quiso ense-

rugirán, y arremeterán con furor cual las olas del Atlánti-co;[107] habrá trombas y remolinos por todas partes, pero el hombre de oración se mantendrá a una distancia segura, protegido y resguardado de todo mal. Aunque probable-mente David estaba más familiarizado con las grandes inundaciones y riadas terrestres, con las aguas devorado-ras que irrumpen de pronto en los lechos de ríos otrora casi secos: estas corrientes de agua imparables y desbordadas con frecuencia causaban graves daños y, como en el caso del Cisón,[108] fueron suficientes para barrer un ejército en-tero. De estos desastres repentinos y devastadores, que es de lo que aquí habla el salmista en metáfora, el verdadero suplicante estará a salvo. Quien está a salvó del pecado no tiene razón para temerle a nada.

C. H. Spurgeon

Por esto orará a ti todo santo en el tiempo en que pue-das ser hallado; ciertamente en la inundación de muchas aguas no llegarán éstas a él. Viendo que Dios es tan cle-

---

ñarnos con todo ello si no esta humildad? Con razón afirma: *"Yo soy el camino, la verdad y la vida"* (Juan 14:6). Es mediante esta humildad que nos acercamos a Dios, pues *"cercano está Jehová a los quebrantados de corazón; y salva a los contritos de espíri-tu"* (Salmo 34:19). Pero los que se dejan arrastrar por la *"inun-dación de muchas aguas",* por el torrente de los que se levantan contra Dios y llenos de soberbia enseñan impiedades, no podrán acercarse al Señor».

[107] Las tormentas del Atlántico norte, especialmente en temporada de invierno, son famosas y temidas en la costa oeste de Inglaterra, con olas gigantescas que rompen contra la tierra firme arrastrando todo lo que encuentran a su paso, causando cada año numerosas víctimas que imprudente y temerariamente se acercan excesiva-mente a ellas.

[108] Jueces 4:7; 5:20-21.

mente y perdonador, ¿quién querrá rechazar o demorar el reconciliarse con él? Sin duda toda mente racional y piadosa lo invocará de inmediato, orando a él mientras esté a su alcance; o, como lo expresa el hebreo, en el tiempo en que puede ser hallado.[109] Pues aunque promete perdón, no lo promete indefinidamente, no lo promete para mañana. Hay un *tempora fandi,* un tiempo aceptable,[110] ciertos momentos en los que se puede hablar con él, un cierto día señalado para el perdón y la gracia. Y si alguien en su estúpida perversidad desprecia o descuida a causa de su desidia y pereza ese tiempo aceptable, se verá justamente arrastrado con ímpetu irresistible por el torrente de la condenación eterna y perecerá sin remedio bajo las aguas del diluvio de la ira divina, en tanto que despreció y ridiculizó el arca de salvación que había sido preparada para él, y en la cual todo aquel que entre estará a salvo mientras el mundo perece.

ROBERT LEIGHTON [1611-1684]
"Meditations Critical and Practical on Psalm IV Psalm XXXII and Psalm CXXX", 1825

Por esto orará a ti todo santo. David exclama: *"¡Por esto orará!".* ¿Por esto? ¿Por qué? Por sus pecados. ¿Y quién? No el inicuo, sino el santo. En este orden. Pues es no es el inicuo sino el santo quien tiene motivos para orar. ¿Y para qué? Sin duda para que le sea renovado el perdón, incrementada la gracia y perfeccionada la gloria. No nos cabe alegar que no tenemos pecado. Oremos pues, juntamente con David, diciendo: *"No entres en jui-*

---

[109] En hebreo לְעֵת מְצֹא *lə 'êt məṣō,* de מָצָא *matsa,* "alcanzado, conseguido, descubierto".
[110] 2ª Corintios 6:2.

cio con tu siervo, ¡oh Señor!"[111] Y observamos aquí un énfasis doble, en tanto que no dice *"ab hoste"*, "contra tu enemigo", sino *"cum servo"*, "con tu siervo". Aunque se declara siervo de Dios, le aterroriza la posibilidad de que Dios pueda entablar juicio con él y la rehúye por todos los medios. Y de nuevo, *non intres,* "no entres", pues es precisamente a ese *entrar en juicio* con Dios a lo que más teme; y es también, precisamente, el motivo por el cual ora, para eludir no sólo el pleitear con Dios, sino la más remota posibilidad de *entrar siquiera* en juicio con él.

NATHANAEL HARDY [1618-1670]

Por esto orará a ti todo santo. Estamos ante un hecho que no aparece en la historia de David. Por regla general, se supone que después de su grave caída y hasta que Natán se presentó ante él y lo reprendió, había ignorado su responsabilidad, permaneciendo despreocupado e insensible. Y a menudo esto se interpreta como una prueba del endurecimiento de su corazón a causa de su pecado. Sin embargo, por lo que aquí leemos, parece ser que fue todo lo contrario. Vivió constantemente torturado de mente y de cuerpo, y a pesar de ello, fue reacio a humillarse ante Dios y a condenarse a sí mismo delante de los hombres, como debía haber hecho desde un primer momento. Guardó silencio y trató de escudarse en el tiempo para diluir la presión de la angustia, paliando las acusaciones de su propia conciencia con excusas. Pero el ocultamiento de su angustia socavó no sólo su tranquilidad mental, sino también de su estado de salud, y puso en peligro su propia vida. Finalmente, viéndose confinado a la penitencia más

---

[111] Salmo 143:2.

dura, optó por una confesión sin reservas, entregándose a la compasión y misericordia de Dios. Por ello encarece ahora a todo santo que ore a Dios. Vemos pues aquí que los justos, no sólo han de orar, sino que han de orar implorando perdón. Esto es precisamente lo que nuestro Salvador enseñó a sus discípulos: *"Cuando oréis, decid, perdona nuestras ofensas"*[112]. Y este orar no sólo tiene que ver con la manifestación de la misericordia perdonadora, como pretenden algunos, sino también con el ejercicio y práctica de la misma.

WILLIAM JAY [1769-1853]
"The Christian Contemplated", 1826

Todo santo. El *santo* se asemeja a Dios, pues comparte el mismo criterio que Dios y opina de las cosas igual que Dios; tiene una disposición divina, dado que participa de la misma naturaleza divina.[113] El que es de Dios lleva incrustados el nombre y la imagen de Dios: la piedad y la santidad nos acercan a Dios y nos hacen semejantes a él.[114]

THOMAS WATSON [1620-1686]
"The Beatitudes", 1660

En el tiempo en que puedas ser hallado. Hay tiempos y sazones[115] que si se aprovechan debidamente, potencian, facilitan y adornan las palabras y acciones, abriéndoles la puerta a una mejor presentación: *"Como naranjas de oro con incrustaciones de plata son las palabras dichas*

---

[112] Mateo 6:12; Lucas 11:4.
[113] 2ª Pedro 1:4.
[114] 1ª Juan 3:2-3.
[115] Hechos 1:7.

a tiempo"[116]. El texto hebreo de este proverbio dice literalmente *"las palabras dichas sobre sus ruedas"*.[117] Y tiene mucho sentido, pues el momento oportuno es como las ruedas de un carruaje, conduce las palabras hacia su objetivo con velocidad y eficacia. De igual modo, las acciones, cuando se llevan a cabo a su debido tiempo, son más hermosas y aceptables. Cuando Dios da a la tierra la lluvia necesaria a su debido tiempo, ¡qué hermoso es el espectáculo resultante: las flores rodeadas de la hierba verde! ¡Qué delicia es contemplar el árbol que da su fruto en su tiempo![118] Así también, cuando los ángeles o los hombres hacen las cosas a su tiempo y sazón, como corresponde, éstas resultan agradables al Señor. Pero lo si pasamos por alto, si olvidamos o menospreciamos el tiempo aceptable, nuestras acciones pueden resultar desagradables, y perder sus objetivos. Esta es la razón por la que el salmista advierte que todo santo debe orar a Dios *"en el tiempo en que puedas ser hallado"*. Hay tiempos y sazones en las que la oración es más oportuna, aceptable y eficaz, y debemos contar con la debida sabiduría para discernir sobre ello.

WILLIAM GREENHILL [1591-1677]
"Exposition of the prophet Ezekiel, with useful observations thereupon", 1846

---

[116] Proverbios 25:11.

[117] En hebreo: דָּבָר דָּבֻר עַל־אָפְנָיו *dābār dābur 'al-*ʾāp̄ənāw. El término hebreo que nuestras versiones traducen como *"tiempo"*: עַל־אָפְנָיו *'al-*ʾāp̄ənāw de אֹפֶן *ophen*, una "rueda" o "carruaje de ruedas", procede de la misma raíz que אוֹפָן *ophan*, utilizado para describir las "ruedas" vistas por Ezequiel en su visión (Ezequiel 1:15-20). La idea puede ser la de palabras dichas en el contexto y circunstancias adecuadas.

[118] Salmo 1:3.

Ciertamente en la inundación de muchas aguas no llegarán éstas a él.[119] Cuando leemos las páginas de la historia bíblica constatamos que en aquella época los efectos de la oración fueron maravillosos. La oración hizo caer piedras de granizo desde el cielo para vencer a cinco reyes con todos sus ejércitos.[120] La oración cerró las ventanas de los cielos para que no lloviera, y de nuevo las abrió para que la tierra pudiera dar su fruto.[121] La oración detuvo el curso del sol haciendo que regresara quince grados.[122] La oración contuvo la mano de Dios evitando que destruyera a su pueblo cuando estaba ya dispuesto a hacerlo.[123] La oración, sin otra ayuda o medio, derribó los sólidos muros de Jericó.[124] La oración dividió el mar en dos partes para que los israelitas pudieran cruzarlo.[125] Y aquí el salmista afirma que librará al santo, a la persona fiel y piadosa, de todos los peligros que puedan acecharlo: *"Ciertamente en la inundación de muchas aguas no llegarán éstas a él".* Con lo que viene a decir que no hay calamidad en este mundo, ya sea tribulación en el curso de la vida, terror ante la muerte, o culpabilidad por el pecado, por enorme que esta sea, que un hijo de Dios no pueda vadear y su-

---

[119] DEREK KIDNER [1913-2008] afirma que los versículos 6 y 7 de este Salmo 32 inspiraron en el compositor de himnos CHARLES WESLEY [1707-1788] el famoso himno: *"Jesus lover of my soul"* que dice en primera estrofa: *"Let me to Thy bosom fly, / While the nearer waters roll, / while the tempest still is high. / Hide me, O my Savior, hide, till the storm of life is past; / /Safe into the haven guide; O receive my soul at last".*

[120] Josué 10:11.

[121] 1ª Reyes 17:1-7; 18:41-46; Salmo 78:23; Santiago 5:17.

[122] Josué 10:13; 2ª Reyes 20:11; Isaías 38:8.

[123] Números 14:1-19.

[124] Josué 6:20.

[125] Éxodo 14:21-22.

perar con la ayuda de su fe y el gozo que halla en Cristo. Pues sea cual sea el curso y cariz de las cosas, su alma disfrutará de consuelo, su conciencia permanecerá tranquila, y su corazón vivirá en el cielo, en tanto que sabe que ha sido reconciliado con Dios y justificado por la fe, y que por tanto, *en la inundación de muchas aguas no llegarán éstas a él.* Para clarificarlo, observad dos puntos clave: el peligro y la liberación.

El peligro lo describe el salmista de manera muy específica mediante tres palabras: *inundación* de *muchas aguas*, que simbolizan las tribulaciones a las que se ve sometido el hijo de Dios en esta vida: primero llegan las *"aguas"*, que pronto aumentan su caudal y pasan a ser *"muchas aguas"*, hasta convertirse finalmente en *"inundación"*: una *inundación de muchas aguas.*

Y lo mismo sucede con la liberación, que tiene también tres niveles: ***Ciertamente no llegarán hasta él***. Deja claro el hecho: *"No llegarán";* el límite: no llegarán *"hasta";* y el objeto: no llegarán hasta *"él". "Ciertamente en la inundación de muchas aguas no llegarán éstas a él".*

THOMAS PLAYFERE [1561-1609]
"Nine sermons, preached by that eloquent divine of famous memory Thomas Playfere", 1633

En la inundación de muchas aguas. El salmista compara las aflicciones de los fieles con las aguas. Solemos decir que el fuego y el agua no tienen misericordia, pero entre ambas cosas el agua es la peor; puesto que el fuego puede ser sofocado y apagado con agua; pero la fuerza del agua cuando se desboca no hay poder humano capaz de encauzarla y detenerla. Imaginad pues cómo han de ser nuestras tribulaciones para que el salmista las describa no ya simplemente como *aguas,* sino como *"muchas aguas".*

Dice un refrán popular que: «Las desgracias nunca vienen solas»[126], vienen como las muchas aguas, precipitadamente y barriendo todo lo que encuentran a su paso. Así vienen también las tribulaciones y miserias de esta vida.

THOMAS PLAYFERE [1561-1609]
"Nine sermons, preached by that eloquent divine of famous memory Thomas Playfere", 1633

En la inundación de muchas aguas. Debido a que en nuestro país [Gran Bretaña] estamos poco familiarizados con el problema de las inundaciones repentinas y las riadas violentas en los cauces de arroyos y torrentes, se nos hace más difícil de captar estas imágenes utilizadas tanto en el Antiguo y como el Nuevo Testamento en todo el impacto de su fuerza.

WILLIAM JOHN CONYBEARE [1815-1857] Y JOHN SAUL HOWSON [1816-1885]
"Life and Epistles of St. Paul", 1866

En la inundación de muchas aguas no llegarán éstas a él. Como el apóstol Pablo que naufragó pero no se ahogó,[127] el creyente podrá estar con el agua al cuello pero no será arrastrado por las inundaciones, porque Dios les pone un límite: *"no llegarán éstas a él"*.

JOHN TRAPP [1601-1669]
"Commentary on the Old and New Testaments", 1654

Hasta él. Este *"él"* es de suma importancia, y no debe omitirse en ningún caso, puesto que nos ayuda a responder a una importante objeción. ¿Cómo es posible que tantas per-

---

[126] El refrán inglés en el original reza: *"Seldom comes sorrow alone"*.
[127] Hechos 27:39-44; 2ª Corintios 11:25;

sonas santas y piadosas hayan llegado a perder sus bienes, padecido horribles tormentos y soportado todo tipo de acoso, cuando el salmista afirma que *"en la inundación de muchas aguas no llegarán éstas a él."*? Este *"él"* es precisamente lo que nos ayuda a responder. Los filósofos de la antigüedad tenían claro que sus bienes materiales, incluso su propia vida, eran algo pasajero, de un valor muy relativo. Cuando a Zenon[128] le llego la noticia de que había perdido en el mar todo cuanto poseía, exclamó: «Has hecho bien, *diosa Fortuna, dejándome únicamente con la capa con la que me cubro»*. Otro de ellos, de nombre Anaxarco,[129] cuando Nicocreon, tirano de Salamina, ordenó que fuera apaleado y machacado en un mortero hasta darle muerte como castigo por haberlo presuntamente insultado, se dirigió al verdugo con estas palabras: *«Podrás golpear y machacar el cuero que contiene a Anaxarco; pero al verdadero Anaxarco no lo podrás tocar»*. Todos ellos valoraban bien poco sus posesiones terrenales y su cuerpo físico, situando a su mente en un plano superior, mucho más elevado. Afirmaban que el hombre es lo que su mente alcance a ser. Por ello cuando el barquero Amiclas,[130] que transportaba en su barca a Julio César, sucum-

---

[128] Se refiere a ZENON DE ELENA [490-430 a.C.], filósofo griego perteneciente a la escuela eleática.

[129] Se refiere a ANAXARCO DE ABDERA, filósofo griego de la escuela de Demócrito en el Siglo IV a.C.

[130] Se refiere a la obra del poeta romano nacido en Hispania MARCO ANNEO LUCANO [39-65] llamada *"Bellum Civile"* o *"De bello civile"* aunque más conocida como *"La Farsalia"*. Relata los hechos acontecidos entre el comienzo formal de la guerra civil entre César y Pompeyo, la batalla de Farsalia (9 de agosto del año 48) y la muerte de Pompeyo en Egipto. En el Libro V cuenta cómo César se impacienta para atacar a Pompeyo y quiere pasar de Grecia a Italia. Llega a la costa y se encuentra una choza, una barca y un barquero llamado Amiclas. César le ordena que le traslade en su frágil

bió a un ataque de pánico ante la tempestad amenazante, el insigne general y futuro emperador le habló de este modo: «¿Cómo es posible que sientas miedo? *¿Acaso ignoras que estás transportando a Julio César?*» Como diciéndole: «El cuerpo físico de César puede ahogarse como el de cualquier otro mortal, pero su mente, su ingenio, su magnanimidad, su valor, su fortaleza, no pueden ahogarse jamás». Hasta este nivel llegó la filosofía; pero lo divino va mucho más allá. La filosofía define a este *"él"*, es decir, al hombre, en base a su razón y las virtudes morales de su mente; pero lo divino define al cristiano en base a su fe y a su unión con Cristo a través de ella. Como tan acertadamente afirma San Agustín: «¿Qué hace que el cuerpo muera? Que el alma ya no esté en él. ¿Y qué hace que el alma perezca? Que no haya fe en ella. Entonces, el alma de tu alma, es la fe». De modo que si queremos saber lo que es un hombre en verdad, debemos definirlo no por su alma natural, es decir, en base a su razón, sino por el alma de su alma, esto es, de su fe. De este modo nos resultará más fácil responder a la objeción de cómo es posible que la inundación pueda acercarse a los bienes de una persona piadosa hasta el punto de arrastrar incluso su cuerpo físico, esto es su alma racional; ya que propiamente hasta su verdadero *"él"*, es decir hasta su fe: *"ciertamente, las muchas aguas nunca podrán llegar"*.

Thomas Playfere [1561-1609]
"Nine sermons, preached by that eloquent divine of famous memory Thomas Playfere", 1633

---

embarcación hasta Esperia; pero Amiclas le advierte que el viento es contrario y que podrían zozobrar. Cesar insiste y finalmente emprenden el viaje. Pero cuando están en alta mar y las olas de la tempestad comienzan a estrellarse con fuerza contra la embarcación, Amiclas cae presa de un ataque de pánico. Es entonces cuando se supone que Julio César pronuncia la frase citada.

Por esto orará a ti todo santo en el tiempo en que puedas ser hallado; ciertamente en la inundación de muchas aguas no llegarán éstas a él. Hay pocos versículos en el libro de los Salmos que resulten más difíciles de entender y explicar que este, o que haya dado lugar a tanta diversidad de planteamientos y opiniones entre los comentaristas. Algunos entienden que David busca alentar a otros, a través de su ejemplo personal, a que hagan lo mismo y acudan a Dios después de una caída, puesto que Dios se muestra dispuesto a perdonar. Otros, sin embargo, ven todo lo contrario: que trata de advertir con su ejemplo a los santos para que no caigan como él cayó, y los incita a que oren a Dios pidiendo que les guarde de la caída. Cualquiera que sea el sentido, lo cierto es que todos coinciden en una misma cosa muy clara en este pasaje: Que para el cristiano el estado de perfección absoluta y permanente es imposible de alcanzar en esta vida.

JOHANNES LORINUS [1569-1634] Y SAN CAYETANO [1480-1547] citados por JOHN MASON NEALE [1818-1866] Y RICHARD FREDERICK LITTLEDALE [1833-1890] en *"Commentary on the Psalms from Primitive and Mediæval Writers"*, 1869

Vers. 7 *Tú eres mi refugio; me guardarás de la angustia; con cánticos de liberación me rodearás. Selah [Tú eres mi refugio; me guardarás de la angustia; con cánticos de liberación me rodearás. Selah. RVR77] [Tú eres mi refugio; tú me protegerás del peligro y me rodearás con cánticos de liberación. Selah. NVI] [Tú eres mi escondedero; de la angustia me preservarás; con cánticos de liberación me rodearás. (Selah). LBLA]*

Tú eres mi refugio.[131] Este versículo se compone de tres frases cortas y concisas, pero cada una de ellas encierra un mundo de significado. Las declaraciones personales acerca de nuestro Dios son la corona de gozo de la vida espiritual. Poner nuestra mano sobre la del Señor acompañándola con toda la expresividad del pronombre posesivo *"mi"*, entraña una delicia extrema. Observemos la paradoja: el mismo que en el versículo cuatro (132:4) se sentía oprimido y agobiado ante la mera presencia de Dios, ahora halla refugio en él. ¡Ved pues el cambio espectacular que pueden conseguir una confesión sincera y el otorgamiento de un perdón pleno! El evangelio de la sustitución convierte en nuestro refugio a quien de otro modo sería nuestro Juez.

Me guardarás de la angustia. Mientras el Señor permanezca conmigo, la angustia no podrá causarme daño

---

[131] Dice AGUSTÍN DE HIPONA [353-429]: «Y tú, que habiendo sido justificado te hallas cercado por esta *"inundación de muchas aguas"* ¿qué vas a hacer? Pues hermanos míos, aun cuando hayamos confesado nuestros pecados y recibido el perdón, rugen a nuestro alrededor estas aguas turbulentas. Ciertamente no nos arrastra su corriente, pero nos rodean por todas partes. Nos oprimen, aunque no nos ahoguen; nos empujan, aunque no nos sumerjan. ¿Qué vamos a hacer los que estamos peregrinando por este mundo en mitad de este torrente? ¿Acaso podemos soslayar a tales maestros, eludir los discursos de su soberbia y evitar los conflictos y persecuciones que a diario tenemos que soportar a causa de su palabrería? ¿Qué dirá el que habiendo sido justificado pone su esperanza en Dios rodeado de semejante torbellino?: *"Tú eres mi refugio; me guardarás de la angustia".* Que busquen ellos refugio si quieren en sus dioses, en sus demonios, en su propia fortaleza o en la justificación de sus pecados. En cuanto a mí, en medio de toda esta inundación no tengo otro refugio que mi Señor: ¡Él es mi refugio, él me librará de la angustia que me rodea».

real alguno; al contrario, me traerá beneficios, como la lija que limpia el óxido pero no destruye el metal. Observemos en este salmo las tres fases: comenzamos con un pasado deplorable, entramos luego en un presente gozoso, y ahora salta a un futuro alegre.

Con cánticos de liberación me rodearás. ¡Qué frase de oro! El salmista se declara rodeado de canciones, flanqueado de misericordias danzantes, todas ellas proclamando el triunfo de la gracia. No hay en el círculo de gozo que le acordona una sola brecha, varios anillos lo circundan por completo, y por doquier se escucha música. Por delante de él la esperanza hace resonar sus címbalos, y por detrás la gratitud su pandereta. A derecha e izquierda, arriba y abajo, el aire retumba de alegría. Y todo alrededor del mismo hombre que sólo unas pocas semanas atrás se pasaba el día lamentándose y rugiendo como una bestia herida. ¡Qué cambio tan espectacular! ¡Qué maravillas tan extraordinarias hace la gracia y sigue haciendo todavía!

Selah. Hacía falta otra pausa, porque un amor tan admirable precisa ser debidamente ponderado; y un gozo tan grande exige una contemplación sosegada; ya que la lengua no alcanza a expresarlos.

C. H. Spurgeon

Tú eres mi refugio. David no dice meramente: "Tú eres *un* refugio", uno entre muchos refugios; ni tampoco: "Tú eres *el* refugio", único pero ajeno; sino: *"Tú eres mi refugio".* Ahí pivota toda la excelencia de este texto. «Él es mío, –exclama– pues he abrazado plenamente su oferta de salvación. Me he acercado a él personalmente, yo mismo y como pecador; me he cobijado bajo su amor y refugiado en su compasión; me he colocado bajo sus alas; me he cubierto personalmente con el manto de su justicia. Y ahora, por tanto, me siento seguro y feliz, pues: *"Bienaventurado el hombre cuya transgresión ha sido perdonada, y cubierto su pecado"* (32:1)». Esto es de suma importancia, pues tiene mucho que ver con la doctrina de la apropiación y con la aplicación personal e individual de la obra expiatoria del Salvador. ¡Cuán distinta es la certeza de la apropiación de una fe meramente especulativa! Hay personas que nos dicen que ya creen en esa doctrina que les predicamos, que la reconocen como la verdad, que comparten nuestro credo; y por tanto –dicen–, cuando les hablamos de la persona de Cristo como única vía de ayuda y seguridad para los pecadores, les estamos hablando de algo que ya saben y conocen. Pero hagamos un seguimiento de la idea sugerida por la figura del presente versículo: *"Tú eres mi refugio"*, y nos daremos cuenta la necedad y el peligro de actuar de ese modo. Imaginemos a un viajero en un páramo desolado y solitario, que se alarma porque ve avecinarse una tempestad, y busca cobijo. ¿Si sus ojos avistan un lugar donde puede esconderse de la tormenta, se quedará quieto y dirá: ¡Allí veo un refugio, pero, voy a quedarme donde estoy!? ¿Acaso no se dirigirá de inmediato hacia él? ¿No apresurará el paso para escapar lo antes posible de la furia del viento y la tempestad? El refugio ya estaba allí desde mucho antes que él pasara; era *un* refugio; pero ahora, desde el momento mismo en que lo ha visto y ha decidido ponerse bajo su cobijo sintiéndose con ello seguro, se ha convertido en *su* refugio. Si no hubiera entrado, pese a que el refugio hubiera seguido siendo de protección para otros viajeros que hubieran acudido al mismo, para él, habría sido como si no existiera. ¿Y quién no se da cuenta al instante, por medio de esta simple ilustración, de que las bendiciones del evangelio son sólo para aquel que se las apropia y hace suyas en su alma? El médico sólo puede sanar al que acude a él; la medicina sólo alcanza curar al que la toma; el dinero sólo enriquece al que lo posee; y el mercader de la parábola no habría sido más rico si al hallar una *"perla de gran precio"* si no la hubiera comprado.[132] Lo mismo sucede con referencia a la salvación del evangelio: Si Cristo es el *"bálsamo de Galaad"*,[133] aplícate el remedio; si es el *"Médico"*,[134] ve a él; si es *"la Perla de gran precio"*, vende todo lo que tienes y cómprala; y si es el "Refugio", corre hacia él y ponte a salvo; pues no habrá en tu alma gozo y paz estables y verdaderos hasta que él sea tu *"escondedero"*.[135]

FOUNTAIN ELWIN [1784-1869]

"Sermons preached at the Octagon Chapel", 1842

Tú eres mi refugio. Probablemente una alusión a las *ciudades de refugio.*[136]

ADAM CLARKE [1760-1832]

---

[132] Mateo 13:45-46.
[133] Génesis 37:25; Jeremías 8:22
[134] Lucas 5:31.
[135] Dice CASIODORO [485-583]: «*"Refugio"* es el lugar donde se acude buscando escapar de algo o protegerse de posibles peligros. Pero David, como penitente, no se camufla en desiertos desolados; no se refugia en campamentos fortificados; ni busca ningún tipo de ayuda humana; se refugia en Dios, el único capaz de poner en fuga a los enemigos espirituales que lo acosaban».
[136] Números 35:9-28.

Tú eres mi refugio. Kirke White[137] tiene un hermoso himno sobre este texto, que comienza diciendo, *"Despierta, dulce arpa de Judá, despierta".* No tenemos espacio para citarlo, pero se encuentra en *"Our Own Hymn Book"*[138] No. 381.

C. H. SPURGEON

Me guardarás de la angustia. Si nos conformamos aquí con la palabra que los traductores de nuestra Biblia han elegido: *"dificultades, problemas"*[139], tenemos que decantarnos por una de estas dos opciones: que Dios guiará y protegerá constantemente a los que son suyos de tal modo que los problemas y dificultades que causan angustia a los demás a ellos no les afecten; o bien que pese a verse sujetos y sometidos a ellas, les proporcionará las fuerzas necesarias para superarlas, como afirma el apóstol: *"de la manera que abundan en nosotros las aflicciones de Cristo, así abunda también por el mismo*

---

[137] Se refiere al poeta inglés nacido en Nottingham, HENRY KIRKE WHITE [1785-1806], quien a pesar de morir joven escribió numerosos himnos.

[138] *"Our Hymn Book"* es una colección de himnos y salmos compilados por el propio Spurgeon en Septiembre de 1866, para ser usados como himnario oficial del *Metropolitan Tabernacle*. El himno que cita, el 381, dice así en su primera estrofas *"Awake, sweet harp of Judah, wake, / Retune thy strings for Jesus' sake; / We sing the Saviour of our race, / The Lamb, our shield, and hiding-place".*

[139] Este comentario se basa en la versión inglesa KJV que traduce מֵצַר *miṣṣar* por *"trouble"*, "preocupación, dificultad, problema". Las versiones españolas todas traducen "angustia". El término hebreo viene de la raíz צַר *tsâr,* que puede tener tanto el significado de "dificultad" o "estrechez", como también el de "enemigo" y "adversario", entre muchos otros.

Cristo nuestra consolación"[140], y también: *"como desconocidos, pero bien conocidos; como moribundos, mas he aquí vivimos; como castigados, mas no entregados a la muerte"*[141]. De hecho, Dios utiliza ambas vías y procedimientos en favor de sus siervos. Hay veces que suspende la operación de aquello que ha de obrar contra ellos atormentándoles, como cuando suspendió el furor de los leones de Daniel,[142] y el calor del fuego en el horno de los tres jóvenes;[143] otras veces concede insensibilidad al que está siendo atormentado; como en el caso de San Lorenzo,[144] que no sólo fue paciente sino que incluso bromeaba con sus verdugos cuando lo asaban en una parrilla; y así leemos de muchos otros mártires que se sintieron menos afectados por los tormentos que padecían que los propios verdugos que se los estaban infligiendo. Aquello que angustió a otros, a ellos no les angustió; o bien, a pesar de verse angustiados y de que Dios les sometiera a las mismas dificultades y problemas comunes que a los demás mortales, para que supieran lo que son, a la vez, los protegió y preservó de ellas, a fin de que no se

---

[140] 2ª Corintios 1:5.

[141] 2ª Corintios 6:9.

[142] Daniel 6:22.

[143] Daniel 3:26-27.

[144] Se refiere al mártir romano LAURENTIUS más conocido como SAN LORENZO. Según la tradición era natural de la *Hispania Tarraconensis,* en la península Ibérica, nacido en lo que actualmente es Huesca o en Valencia. Ordenado diácono y habitando en Roma, durante la persecución del emperador Valeriano fue quemado vivo en una parrilla. La tradición afirma que en medio de su martirio, exclamó bromeando: *"Assum est, inqüit, versa et manduca"* cuya traducción aproximada sería "Dadme la vuelta, que por este lado ya estoy hecho". Fue enterrado en la *Via Tiburtina,* en las catacumbas de *Ciriaca.*

hundieran en abatimiento de espíritu o experimentasen desconfianza en su misericordia. Los creyentes atravesarán tormentas pero lo harán siempre en una embarcación sólida y estable bajo sus pies; escucharán los truenos y verán los relámpagos, pero una jarcia robusta de velas y cuerdas recias, bien atadas al Mástil inamovible, les protegerá; serán derribados y pisoteados contra el suelo con desdén y desprecio, sin embargo, cual semilla que se entierra, fructificarán y se multiplicarán cada vez más. Hasta el día de hoy la palabra aquí elegida aquí por nuestros traductores ayuda mucho a nuestra devoción: *"me guardarás de la angustia"*: Bien me harás insensible a ella o bien me concederás la victoria sobre ella.

JOHN DONNE [1573-1631]

Con cánticos de liberación me rodearás. Con estas palabras David, profeta, eleva el tono de su discurso sobre su confianza en Dios por encima de todo lo dicho anteriormente en este mismo versículo. De entrada afirma que Dios es su *"refugio";* prosigue diciendo que le *"guardará de la angustia";* y finalmente proclama que el Señor le infundirá alegría al permitirle superar sus dificultades y otorgándole el triunfo sobre todos sus enemigos, por el procedimiento de *"cercarle";* pero no de problemas, sino de misericordias (...) Aprendamos pues a reconocer la bondad de Dios para con cada uno de nosotros aplicándonos de manera personal estas palabras del salmista: *"Con cánticos de liberación me rodearás".* No nos limitemos a platicar acerca de la bondad divina en hombres como Abraham, Isaac, Jacob; no restrinjamos nuestro discurso a las grandes liberaciones otorgadas a grandes personajes como Noé, Daniel, Lot; vayamos más allá, proclamemos además las misericordias y liberaciones por Dios otorgadas a nosotros mismos, como hizo Pablo al escribir: *"Cristo (…) me amó y se entregó a sí mismo por mí"*[145]. Pues ello impulsará de forma notable nuestro agradecimiento y nos conducirá a centrarlo en la bondad de Dios, y en la de los demás, más que en nosotros mismos, atajando así nuestras quejas y murmuraciones.

THOMAS TAYLOR [1576-1632]
"David's Learning: or the Way to True Happiness", 1617

Con cánticos de liberación. El salmista no se contenta con un tímido agradecimiento. Para que veamos lo bien templadas que están todas las cuerdas de su corazón, hasta el punto de no poder contener su alegría por las múltiples misericordias concedidas por Dios a su Iglesia y las numerosas liberaciones a él otorgadas, prorrumpe en cánticos. Muchos hay que cuando entonan alabanzas a Dios en la iglesia, lo hacen con desgana, con la boca chica,[146] mostrando tan poco enardecimiento – puedo asegurarlo– que escasamente alcanzan a escuchar su propia voz; y ello muy a pesar de que en su casa no tienen reparo alguno en cantar cualquier balada sucia con el mayor entusiasmo y a pleno pulmón. Parece que se avergüenzan de proclamar públicamente las alabanzas del Señor, ¿o será quizás que sienten miedo de ensordecer a Dios cantando demasiado fuerte? David, no obstante, vemos que junta aquí todas sus fuerzas, internas y externas, en alabanza a su Dios.

ARCHIBALD SYMSON [1564-1628]
"A Sacred Septenarie or A godly and fruitful exposition on the seven Psalmes of repentance", 1623

---

[145] Gálatas 2:20.
[146] En el original *"half open mouth"*, "con la boca a medio abrir".

Me rodearás. Esto implica que, en la misma medida en que somos asediados por problemas y dificultades, somos también cercados de consuelos y liberaciones; y que al igual que nuestras cruces aumentan y se multiplican día tras día, se multiplican también día tras día nuestras alegrías y desahogos. Somos atacados por todos los costados pero también defendidos por todos los costados, lo que debe llevarnos, como David, a entonar alabanzas a Dios, diciendo: *"Bendice, alma mía, a Jehová, y bendiga todo mi ser su santo nombre"*[147].

ARCHIBALD SYMSON [1564-1628]
"A Sacred Septenarie or A godly and fruitful exposition on the seven Psalmes of repentance", 1623

Vers. 8 *Te haré entender, y te enseñaré el camino en que debes andar; sobre ti fijaré mis ojos. [Te haré entender, y te enseñaré el camino en que debes andar; sobre ti fijaré mis ojos.* RVR77] [El Señor dice: «Yo te instruiré, yo te mostraré el camino que debes seguir; yo te daré consejos y velaré por ti. NVI] [Yo te haré saber y te enseñaré el camino en que debes andar; te aconsejaré con mis ojos puestos en ti. LBLA]*

Te haré entender, y te enseñaré el camino en que debes andar. Aquí es el Señor quien habla en respuesta a la oración del salmista. Nuestro Salvador es nuestro instructor. El Señor mismo se digna a enseñar a sus hijos a caminar por el camino de integridad; su santa Palabra y las admoniciones del Espíritu Santo son las directrices de esa

---

[147] Salmo 103:1.

conversación diaria del creyente. No estamos perdonados para que en adelante podamos seguir viviendo según nuestras propias concupiscencias, sino para ser educados en la santidad y entrenados en la perfección. Este entrenamiento celestial es una de las bendiciones del pacto que la adopción sella en nosotros: *"Todos tus hijos serán enseñados por el Señor"*[148]. La enseñanza práctica es la mejor instrucción, y pueden considerarse triplemente afortunados quienes, pese a no haberse sentado nunca a los pies de Gamaliel[149] e ignorar las enseñanzas de Aristóteles y la ética de las grandes escuelas, han aprendido, sin embargo, a seguir al Cordero por dondequiera que va.

Sobre ti fijaré mis ojos. Así como los siervos leen en el ojo de su amo,[150] y un simple movimiento de cabeza o un guiño suyo es todo lo que necesitan para saber qué deben hacer, así debemos también nosotros permanecer atentos para obedecer el menor gesto de nuestro Maestro, sin necesidad de truenos y relámpagos que asusten nuestra pereza incorregible y nos pongan en movimiento, sino más bien controlados por susurros y toques de amor. El Señor es el gran capataz cuyo ojo supervisa en la providencia todas las cosas. Nos conviene ser ovejas de su prado,[151] siguiendo la guía de su sabiduría.

C. H. Spurgeon

Te haré entender, y te enseñaré el camino en que debes andar, sobre ti fijaré mis ojos. Únicamente Dios puede llevar a cabo una labor tan ingente como la que se describe

---

[148] Isaías 54:13.
[149] Hechos 5:34-40; 22:3.
[150] Salmo 123:2.
[151] Salmo 100:3.

y promete en este versículo. Pues aquí la fe es la que ratifica la comprensión: "te instruiré", ya que el original va en su significado más allá de nuestra traducción inglesa,[152] *"intelligere faciam te"*, "te haré entender", y además en modo imperativo: *"faciam te"*, es decir, "haré que entiendas". Los hombres pueden instruir, pero sólo Dios puede hacernos entender. La acción es del Señor, la comprensión la pone el hombre. Porque Dios no obra en el hombre como obra el diablo a través de ídolos y de *pythonissis* o *ventriloquis*,[153] de personas poseídas que no tienen po-

---

[152] En hebreo שָׂכַל *sâkal*. El autor se refiere a la KJV que traduce: *"I will instruct thee"*. La Reina-Valera traduce *"te haré entender"*. La *Vulgata, "Intellectum tibi dabo"*, "Te daré inteligencia".

[153] Esto es, *pitonisas* o *ventrílocuos*. Puede que al lector le choque esta asociación que hace el autor entre una *pitonisa* y un *ventrílocuo,* sabiendo que una no guarda relación con el otro. Una *pitia* o *pitonisa* era una sacerdotisa del dios griego Apolo que interpretaba las respuestas del oráculo de Delfos, aunque con el paso del tiempo se atribuyó el nombre a toda mujer que tuviera la capacidad de adivinar el futuro sin importar la fuente, ya fuera a través de las cartas, bolas de cristal o incluso invocando a los espíritus (aunque en este último caso le corresponde más la calificación de *medium*). Por otro lado, un *ventrilouco* (del latín *"ventrilocuus"*, "que habla con el vientre") es, hoy en día, un cómico u actor que utiliza la habilidad de emitir palabras sin mover la boca (o moviéndola muy ligeramente de modo que el público no se de cuenta) para dialogar simuladamente con un muñeco y divertir de ese modo a los espectadores mediante ironías, chistes, alusiones divertidas y otras locuacidades. Pero no siempre fue así: se sabe por el arte egipcio que la ventriloquía se conocía y practicaba ya en el antiguo Egipto y otros pueblos. Y no precisamente para divertir, sino para hacer hablar a las imágenes de los dioses y aterrorizar al pueblo. El primer ventrílocuo del que se conoce el nombre fue Eurycles de Atenas, y se hizo tan famoso que a partir de él a los ventrílocuos griegos, en lugar de llamarlos *"engastrímanteis"*, "profetas de la barriga", como hasta entonces, se los llamó también *eurycleides*.

testad en la acción que el demonio lleva a cabo en ellos, contra su voluntad, como sujetos pasivos. Cuando Dios obra en el hombre, lo hace partícipe: *"faciam te"*, "haré que entiendas". Es decir, la *capacidad* de entender es cosa mía, pero la *voluntad* de entender es cosa tuya; el poder que posibilita la comprensión es cosa de Dios, la comprensión en sí misma es cosa del hombre. *"Faciam te"*, dice Dios, "yo te haré" a ti personalmente, a cada persona en particular (como indica aquí el pronombre personal átono *"te"*, que por su carácter distributivo descarta toda amenaza de exclusión o excepción). Haré que toda persona instruida por mí disponga de la capacidad necesaria para entender esa instrucción; ahora bien, que la acepte o no la acepte, que quiera o no quiera entenderla, eso ya es decisión y problema suyo, no mío. Por tanto, la primera parte del versículo es una instrucción *"de credendis"*: refiere a las cosas que al abrir Dios nuestro entendimiento estamos *obligados a creer*; mientras que la segunda parte del mismo es una instrucción *"de agendis"*: alude a las cosas que, habiéndolas entendido por contar con un entendimiento abierto, y transformadas en creencia, estamos *obligados a hacer*. La primera parte hace referencia a nuestra capacidad para entender, la segunda nos habla sobre qué es lo que vamos a entender, y concreta la instrucción: *"Docebo"*, "te enseñaré" y además *"in via"*, "estando en el camino"; es decir, no sólo te enseñaré en qué consiste el camino para que puedas encontrarlo, sino que te enseñaré "en el propio camino", es decir, mientras estas en él, andando por él, para que no te apartes de él; y te enseñaré, no sólo *"ut gradiaris"*,[154] para que andando por

---

[154] Esto es, "a andar por él".

él no te duermas, sino *"quomodo gradieris"*[155], para que tampoco te desvíes. El texto concluye con las palabras: *"sobre ti fijaré mis ojos"*[156], una tercera parte que viene a ser como la validación o confirmación de todo lo dicho anteriormente: Dios ejercerá sobre nosotros una vigilancia constante; nos tomará en cuenta para aconsejarnos (pues ése es el verdadero sentido de la palabra original), no nos dejará desamparados ante las contingencias del destino, ni abandonados a nuestra suerte, ni tan siquiera bajo la tutela generalizada de su propia providencia universal que mantiene todas las cosas creadas bajo su protección y administración extensiva; sino que nos tendrá presentes en su mente de manera particular, considerará nuestra situación personal y con sus ojos, el instrumento de percepción más agudo, analizará de inmediato todo lo que en nosotros pudiera estar mal y se apresurará a rectificarlo. Así pues, esta tercera parte del versículo es una instrucción *"de sperandis"*, ya que tiene que ver con el futuro, con la *constancia y perseverancia* de la bondad de Dios hacia nosotros: nos guiará con sus ojos *hacia* el objetivo final y *hasta* alcanzarlo. A menos que algo o alguien lograra eclipsar el ojo de Dios, cosa imposible, nosotros no podemos quedar fuera del ámbito de su mirada y de su incesante instrucción, protección y cuidado. Tanto el contenido del equipaje que debemos llevar, es decir, aquello que hemos de creer con respecto a Dios; la ruta del viaje que hemos de emprender y los detalles sobre el mismo, es decir, nuestra relación, comportamiento y conversación respecto al resto de la grey de Dios, a los demás creyentes; así como también el objetivo final, el lugar al que nos dirigimos: el cielo, o

---

[155] Esto es, "la manera de andar por el propiamente".

[156] La KJV traduce *"I will guide thee with mine eye"*, "Te guiaré con mis ojos".

mejor dicho, nuestra seguridad de llegar finalmente a la Jerusalén celestial; todo ello queda claramente expresado en este plano o guía, en este mapa de viaje, en esta enseñanza, en este texto: *"Te haré entender, y te enseñaré el camino en que debes andar, sobre ti fijaré mis ojos"*[157]. Y cuando hayamos hecho todo esto, creído rectamente, vivido de acuerdo con esta creencia y muerto en ella, en la palabra final, *"surgite"*, hallaremos también un *"venite"*, tan pronto como seamos llamados desde el polvo de la tumba a entrar en el gozo de nuestro Señor[158] para ser no ya siervos, sino amigos;[159] y más que amigos, hijos: y más que hijos, herederos;[160] y más que herederos, coherederos con el Hijo único de Dios;[161] y más que coherederos *"ídem Spiritus cum Domino"*, "de un mismo Espíritu con el Señor"[162].

JOHN DONNE [1573-1631]
"Sermon LIX preached upon the Penitential Psalms: Psalm XXXII. 8"

Yo te haré saber y te enseñaré el camino en que debes andar; te aconsejaré con mis ojos puestos en ti. Esta triple repetición, *te instruiré, te enseñaré, te aconsejaré,*[163]

---

[157] Spurgeon termina aquí su cita de este extraordinario sermón de John Donne. Aunque no figura en el texto original de *"El Tesoro de David"* nos hemos tomado la libertad de añadir la parte adicional con el que Donne concluye el párrafo por considerar que completaba mejor lo expuesto.

[158] Mateo 25:23.

[159] Juan 15:15.

[160] Gálatas 4:7.

[161] Romanos 8:17

[162] 1ª Juan 3:2.

[163] El comentario está basado en la traducción que hace de este texto la KJV. Las versiones españolas difieren un poco, la más aproximada es LBLA, que es la que transcribimos en este caso.

nos muestra tres cualidades que ha de poseer y poner en práctica todo buen maestro de la Palabra. En primer lugar anunciar, hacer que la gente sepa cuál es el camino de salvación: *te haré saber*. En segundo lugar ir delante de ellos: *te enseñaré el camino*. Y en tercer lugar vigilarles y velar por ellos, sobre ellos y sobre sus caminos: *te aconsejaré con mis ojos puestos en ti*.

ARCHIBALD SYMSON [1564-1628]
"A Sacred Septenarie or A godly and fruitful exposition on the seven Psalmes of repentance", 1623

Te guiaré con mis ojos. Leemos en la historia natural [aunque uno de los revisores nos indica que la siguiente alusión a la historia natural es incorrecta y no se sostiene en base a los conocimientos científicos actuales, respondemos que alterar la cita sería echar a perder el ejemplo. Y por otra parte, estamos haciendo un libro para adultos, no para bebés. Ningún lector en su sano juicio interpretará actualmente como ciertos y reales estos ejemplos basados en fábulas, pese a que en épocas antiguas se dieron como hechos][164] acerca de algunas criaturas *"Qui solo oculorum aspectu fovent ova"*[165], "que

---

[164] Colocamos entre corchetes este comentario de Spurgeon que en el texto original de *"The Treasury of David"* viene entre paréntesis. Viene entre paréntesis porque no forma del texto original del sermón citado de John Donne, y además se ve claramente que se trata de un comentario añadido posteriormente por Spurgeon.

[165] El propio JOHN DONNE [1573-1631] atribuye la cita al escritor, científico, naturalista y procurador romano PLINIO EL VIEJO [23-79], autor de una famosa historia natural en 37 volúmenes dedicada al emperador TITO [39-81] conocida como *Naturalis historia*, en la que afirma haber recopilado prácticamente todos los conocimientos sobre el tema hasta su época: 20.000 hechos recolectados de unos 2.000 libros y de 100 autores selectos, aunque buena parte de ellos no son más que fábulas y leyendas.

empollan sus huevos con sólo mirarlos". Y siendo así, ¿No eclosionarán y producirán maravillas en nosotros los ojos de Dios? *"Plus est quod probatur aspectu, quam quod sermone"*, "Es más lo que se dice con el semblante que con el discurso", afirma Ambrosio[166] en uno de sus sermones. Un hombre puede expresar con sus palabras los mayores elogios sobre una cosa determinada, y sin embargo, su semblante de desaprobación está diciendo otra cosa. Su palabra nos infunde buenos propósitos, pero si Dios mismo mantiene sus ojos en nosotros, es una señal más de su aprobación, porque él es un Dios de ojos puros y no mira a los malvados:[167] *"Esta tierra el Señor tu Dios la cuida; los ojos del Señor tu Dios están siempre sobre ella, desde el principio hasta el fin"*[168]. ¡De qué primavera tan alegre, de qué otoño tan fecundo disfruta el alma que tiene constantemente la mirada del Señor sobre ella! Los ojos del Señor sobre mí convierten la medianoche en mediodía, Capricornio en Cáncer,[169] y el invierno en solsticio de verano. Los ojos del Señor santifican, sí, y más que santifican: glorifican todos los eclipses de la deshonra, hacen de la melancolía hilaridad, convierten el recelo y la suspicacia en garantía y transforman la desconfianza del alma triste

---

[166] Se refiere a AMBROSIO DE MILÁN [340-397], destacado arzobispo de Milán, y un importante teólogo y orador. Es de los cuatro Padres de la Iglesia Latina y dejó un importante legado de escritos teológicos. Convirtió y bautizó a San Agustín y combatió ardientemente el arrianismo. La cita procede de *In Hexaem. Liber 1, Cap 9*, y su traducción aproximada sería: *"Más real es lo que se demuestra con la mirada, que lo que dice con la boca"*.

[167] Habacuc 1:13.

[168] Deuteronomio 11:12.

[169] Se trata de una forma poética de expresar lo mismo que dice a continuación: *"convierte el invierno en solsticio de verano"*. El símbolo zodiacal de *Capricornio* es símbolo de diciembre/enero y el de *Cáncer* de junio/julio. JOHN DONNE [1573-1631] fue un importante poeta metafísico inglés de los siglos XIV y XV.

en seguridad infalible (…) Esta manera de guiarnos, con los ojos, se manifiesta en dos efectos fundamentales: conversión a él y unión con él. En primer lugar, sus ojos actúan en nosotros provocando que los nuestros se vuelvan hacia él para mirarle,[170] algo que se expresa con un *Ecce*:[171] *"He aquí, los ojos del Señor están sobre los que le temen, sobre los que esperan en su misericordia"*[172]. Ante todo, sus ojos invitan a los nuestros a contemplarle, y por eso nuestros ojos invitan a los suyos a reparar en nuestra gozosa disposición (...) Cuando la imagen de Dios grabada en nuestra alma nos mire, igual que los ojos de un retrato pintado magistralmente siguen a aquel que los contempla,[173] descubriremos que bajo su mirada, en su presencia, se nos hará imposible actuar de manera impropia o cometer cualquier falta. El otro gran efecto de guiarnos con los ojos es que nos vincula a él

---

[170] Dice referente a esto AGUSTÍN DE HIPONA [353-429]: «Dice el Señor *"No apartaré de ti mis ojos"*, pero tampoco tú los apartes de mí (...) Levantemos pues nuestros ojos hacia Dios en todo momento, para que él fije los suyos en nosotros. ¿Acaso tienes miedo de que si mantienes tus ojos levantados, al no mirar hacia adelante vayas a tropezar o a caer en alguna trampa? (...) No temas, eleva tranquilo tus ojos a Dios y olvídate de lazos y trampas, ya que si él mantiene sus ojos puestos sobre ti jamás vas a caer en asechanza alguna. Atiende bien a lo que dice en otro salmo: *"Mis ojos están siempre vueltos hacia el Señor, porque él sacará mis pies de la red"*».

[171] Expresión latina que significa *"He aquí"*.

[172] Salmo 33:18.

[173] Durante años este fenómeno no tuvo explicación científica, hasta que recientes estudios de la *Ohio State University* y la *Utrech University* han determinado que es debido a que nuestra percepción se empeña en tratar la superficie plana del cuadro como si se tratara de una superficie tridimensional. Uno de los ejemplos más famosos de este efecto óptico en algunas pinturas, en las que los ojos de la figura el en retrato parecen seguir siempre al que los mira, es la famosa *Gioconda* o *Mona Lisa,* de LEONARDO DA VINCI [1452-1519].

haciéndonos parte de sí mismo; cuando Dios fija su mirada sobre nosotros y acepta que le devolvamos esa mirada, nos convertimos en *"la niña de su ojo"*[174]. Estas son pues, los dos consecuencias significativas de ese *"guiarnos con sus ojos"*: primero nos vuelven a él, y luego nos transforman en él; primero sus ojos hacen que los nuestros se vuelvan hacia él, y acto seguido, ese cruce de miradas nos une a él, haciendo que acabemos siendo una sola cosa con él,[175] para que de este modo nuestras aflicciones recaigan sobre su paciencia y nuestra deshonra le sea injuriosa a él; pues no hay forma ni situación en la que podamos sentirnos más seguros que perteneciendo a él, o mejor aún, siendo parte misma de él, puesto que entonces, será él quien se encare con todo el que ose perseguirnos y le espete: *"Cur me?"*, *"¿Por qué me persigues?"*[176] Así como él es todo poder y nos defiende, también se hace a sí mismo todo ojos, la parte más sensible del cuerpo, para protegernos mejor haciéndose más receptivo y sensible a nuestras dificultades y presiones.

JOHN DONNE [1573-1631]
condensado de *"Sermon LIX preached upon the Penitential Psalms: Psalm XXXII. 8"*

Te guiaré con mis ojos.[177] Una nota marginal a este texto dice: *"Te aconsejaré, mis ojos estarán puestos sobre ti"*.[178] Éste es el sentido del hebreo. De Wette[179] traduce:

---

[174] Zacarías 2:8.

[175] Juan 17:21.

[176] Hechos 9:4.

[177] En hebreo: אִיעֲצָה עָלֶיךָ עֵינִי *'î'ăṣāh 'āleḵā 'ênî.*

[178] Así traduce LBLA *"Te aconsejaré con mis ojos puestos en ti"*.

[179] Se refiere a WILHELM MARTIN LEBERECHT DE WETTE [1780-1849]. Nacido en Ulla, cerca de Weimar (Alemania), hijo de un pastor, fue alumno de Gottfried von Herder. Fue profesor de Teología en la *Universidad de Heidelberg* y posteriormente en la *Universidad*

"Mi ojo estará dirigido hacia ti". La idea o concepto es el de alguien que tras indicar a otro el camino que debe seguir para llegar a un punto determinado, le garantiza que permanecerá mirándole y observándole hasta que llegue a su destino, que mantendrá sus ojos puestos en él para asegurarse que no se desvía de ese camino.

ALBERT BARNES [1798-1870]
"Notes, critical, explanatory, and practical, on the book of Psalms", 1868

Mis ojos. Veamos en las misericordias divinas destellos de los ojos del Todopoderoso cuando la luz de su rostro se vuelca sobre nosotros; y descubramos cómo el hombre es guiado por los ojos divinos a través de esas misericordias, que le atraen y le unen a su Creador. ¿Acaso vamos a negarnos a ser guiados por sus ojos, obligándole a que tenga que corregirnos con su mano? Si hacemos mal uso de nuestras misericordias, si nos olvidamos de su origen y procedencia y dejamos de rendirle el justo homenaje de nuestra gratitud y afecto, le estamos obligando, debido al amor que siente por nuestras almas, a tener que estimularnos con una dosis de dificultades y problemas. Entonces no nos quejemos de que nos toque tanto dolor y sufrimiento, más bien reflexionemos acerca de cuánto de ese sufrimiento hemos atraído nosotros mismos con nuestro absurdo proceder. Prestemos atención a la voz de Dios: *"Te haré entender, y te enseñaré el camino en que debes andar; te guiaré con mis ojos puestos en ti"*. Sí, con *"mis ojos"*, esos ojos cuyo fulgor

---

de Basilea. Escribió numerosas obras de exégesis, entre ellas un *Commentar* über *die Psalmen nebst beigefügter* Übersetzung, con toda probabilidad a la que hace referencia el autor.

enaltece y hace resplandecer todo lo bello cual oro; esos ojos cuya luz disipa toda oscuridad, evita todo peligro, y esparce toda felicidad. ¿Por qué razón entonces, nos sentimos a menudo tan inquietos? ¿Por qué el *"terror, foso y lazo"*[180] se apoderan de nosotros con tanta frecuencia, hasta el punto que una misericordia tras otra pasan por nuestro entorno sin dejar el menor rastro y Dios tiene que proceder con nosotros igual que con el réprobo y rebelde, en quien cualquier muestra de benevolencia resulta inútil y desperdiciada? ¡Ah, si contáramos las muchas misericordias que nos ha dado; si veláramos por nuestra permanencia en el seno de ese remanente que sigue siendo fiel; si examináramos lo indigno de nuestro comportamiento pasado y tratáramos de ser, en el futuro, más diligentes a la hora de obedecer los consejos que emanan de esos suaves destellos de los ojos del Señor; evitando con ello que nuestra obstinación haga indispensable el uso del *"cabestro y el freno"*!

HENRY MELVILL [1798-1871]

Vers. 9 *No seáis como el caballo, o como el mulo, sin entendimiento, que han de ser sujetados con cabestro y con freno, porque si no, no se acercan a ti. [No seáis como el caballo, o como el mulo, sin entendimiento, que han de ser sujetados con cabestro y con freno, porque si no, no se pueden dominar. RVR77] [No seas como el mulo o el caballo, que no tienen discernimiento, y cuyo brío hay que domar con brida y freno, para acercarlos a ti. NVI] [No seáis como el caballo o como el mulo, que no tienen*

---

[180] Isaías 24:17; Jeremías 48:43.

entendimiento; cuyos arreos incluyen bocado y freno para
sujetarlos, porque si no, no se acercan a ti. LBLA]

No seáis como el caballo, o como el mulo, sin entendi-
miento. El entendimiento es lo que separa al hombre de las
bestias: no actuemos pues como si estuviéramos despro-
vistos de él.[181] Los seres humanos deben buscar consejo y
asesoramiento, y estar listos para dirigirse allí hacia donde
la sabiduría les marca el camino. Pero ¡ay!, necesitamos
ser advertidos sobre la estupidez del corazón, porque somos muy propensos a caer en ella. Quienes deberíamos
ser como los ángeles, fácilmente nos convertimos en bestias irracionales.

Que han de ser sujetados con cabestro y con freno,
porque si no, no se pueden dominar. Es muy de lamentar
que con tanta frecuencia, antes de obedecer, necesitemos
ser castigados severamente. Deberíamos ser cual pluma
flotando en el viento, y movernos con agilidad al soplo del
Espíritu Santo, pero ¡ay! somos como pesados troncos,
incapaces de movernos de lugar aún cuando el mismísimo
cielo se abriera ante nuestros propios ojos. Precisamos de
los pellizcos flagelantes de la brida de la aflicción para
darnos cuenta de lo peligrosa que es nuestra boca, y de
los tirones molestos del cabestro de la enfermedad para
moldear nuestra voluntad y dirigir nuestro carácter impe-

---

[181] Dice EVAGRIO DEL PONTO [345-399]: «Por ello el salmista compara
las acciones irracionales del espíritu con el proceder irracional del
"caballo" y del "mulo", porque la razón y la inteligencia siempre
juzgan con entendimiento» Y DIODORO DE TARSO [¿?-392]: «Quien
tiene entendimiento y razona propiamente percibe el pecado, pero
aquel que no tiene entendimiento no sólo no percibe el pecado, sino
que tampoco desea percibirlo».

tuoso.[182] Si no nos comportáramos como asnos no sería necesario que fuéramos tratados como mulas. Pero siendo como somos, díscolos y rebeldes, no cabe esperar otra cosa que el que se nos controle y discipline. ¡Quiera el Señor concedernos la gracia de obedecerle voluntariamente, no sea que como el mayordomo de la parábola, que no se preparó e hizo conforme a su propia voluntad, tengamos que recibir *"muchos azotes"*[183]. Calvino[184] traduce las palabras finales de este texto: *"porque si no, no se acercan a ti"*, como: *"No sea que te den una patada"*, una versión más probable y más natural, aunque se trata sin duda de un pasaje difícil de traducir y oscuro en sus detalles, aunque no en su sentido general, que queda bien claro.

C. H. Spurgeon

No seáis como el caballo, o como el mulo, sin entendimiento, que han de ser sujetados con cabestro y con freno. ¡Muchos son los que desgraciadamente pierden el juicio a causa de sus pasiones lujuriosas y desordenadas! El profeta Jeremías compara a Israel con una *"dromedaria ligera que tuerce su camino"* y una *"asna montés acostumbrada al desierto, que en su ardor olfatea el viento"*[185]. "No seáis, –dice el salmista– *como el caballo, o como el mulo, sin entendimiento, cuya boca ha de ser sujetada con cabestro y con freno"*. Los hombres tienen entendimiento, las bestias no; sin embargo, cuando el frenesí de la lujuria les satura la mente y entorpece sus sentidos, cabe tomar al pie de la letra las palabras del profeta cuando decía:

---

[182] Santiago 3:3-9.

[183] Lucas 12:47.

[184] Se refiere al Reformador Juan Calvino [1509-1564].

[185] Jeremías 2:23-24.

"Todo hombre se embrutece y le falta conocimiento"[186] y por lo tanto, *"el hombre que está en honra y no entiende, semejante es a las bestias que perecen"*[187]. Si no fuera porque la brida soberana de la providencia de Dios frena su locura, desbocarían la montura de la razón y pondrían en jaque a la naturaleza entera.[188]

THOMAS ADAMS [1583-1653]
"Mystical bedlam, or the world of mad-men", 1615

No seáis como el caballo, o como el mulo, sin entendimiento, que han de ser sujetados con cabestro y con freno. Los Padres de la Iglesia y otros expositores de la antigüedad, comentando este versículo han hecho diversas interpretaciones, o al menos alusiones, con respecto a las costumbres y reacciones de estos dos animales. Observan que el caballo y el mulo admiten sin protestar sobre sus lomos cualquier tipo de jinete, o cualquier clase de carga, sin discriminación o diferencia, sin debate o consideración; no preguntan si el jinete es noble o villano, ni si la carga es oro para las arcas del tesoro u hortalizas para los puestos del mercado. Y comparan esto a la indiferencia del pecador habitual con respecto a cualquier tipo de pecado: sea que peque por placer, por motivos de lucro o por motivos sociales, todo ello es igualmente pecado. Consideran que en el mulo, de cuyos progenitores uno es menos noble que el otro, es el peor de los dos, pues tiene más de asno que de caballo; y en eso encuentran también parecido a nosotros,

---

[186] Jeremías 10:14. El original cita aquí la *Biblia de Ginebra,* que traduce *"Todo hombre es como una bestia".*

[187] Salmo 49:20.

[188] Cualquiera diría leyendo estas palabras que THOMAS ADAMS [1583-1653] anticipaba las terribles catástrofes ecológicas causadas por la locura humana y que en hoy en día conocemos muy bien.

ya que todas nuestras acciones y pensamientos se inclinan siempre a la parte más innoble, más de la tierra que del cielo. San Jerónimo[189] identifica al caballo con la cólera y la temeridad, y al mulo con la pereza. Y Agustín aún va más allá: piensa que en esta furia del caballo están representados los gentiles, que corren alejados del conocimiento del cristianismo; y en la obstinación y roncería del mulo los judíos, siempre tercos, reacios y lentos en abrazar la verdad a pesar de haber sido reiteradamente advertidos e invitados a ella.[190] Todos los antiguos expositores van muy lejos en sus alusiones y aplicaciones, y en realidad, de haberlo querido podían haber ido mucho más lejos todavía, pues hay espacio y motivos sobrados para comparar el pecador a una bestia, y en algunos casos, me atrevo a decir incluso que la bestia sale mejor parada en la comparación.[191]

JOHN DONNE [1573-1631]
condensado de *"Sermon LIX preached upon the Penitential Psalms: Psalm XXXII. 8"*

---

[189] Se refiere a JERÓNIMO DE ESTRIDÓN o EUSEBIO HIERÓNIMO DE ESTRIDÓN [c.342-420], nacido en Dalmacia, más conocido como SAN JERÓNIMO, Padre de la Iglesia, uno de los cuatro grandes Padres Latinos. Gran conocedor del griego y el hebreo y gran latinista, tradujo la Biblia del griego y el hebreo al latín, traducción conocida como la *Vulgata* (del latín *"vulgo"*, "pueblo"; *"vulgata editio"*, "edición para el pueblo"), que fue hasta la promulgación de la Neovulgata en 1979, el texto bíblico oficial de la Iglesia católica romana. Afirmó que las Epístolas de Pablo contienen la quintaesencia del mensaje del Evangelio.

[190] No hemos podido constatar esta idea en la *Exposición a los Salmos* de Agustín. Sí en EFRÉN EL SIRIO [306-373], que en su *"Sermo de Domino Nostro"* habla de cómo el Señor, utilizando las palabras a modo de bridas, hizo que las naciones paganas abandonaran sus múltiples dioses para volverse al Dios único y verdadero.

[191] Dice AGUSTÍN DE HIPONA [353-429]: «A diferencia del *"buey que conoce a su dueño, y el asno el pesebre de su señor"* (Isaías 1:3)

No seáis como el caballo o como el mulo, que no tienen entendimiento; cuyos arreos incluyen bocado y freno para sujetarlos, porque si no, no se acercan a ti. "*Bocado y freno*"[192]. La *Septuaginta*[193] traduce la primera de estas dos palabras por χαλινός y a segunda por κημός. La palabra griega χαλινός significa la brida común que se pone en la boca del caballo, el *bocado* o *freno*. Pero el κημός era más bien algo así como un bozal que se colocaba en caballos o mulas maliciosas para evitar que

el caballo y el mulo son soberbios, llevan la cabeza erguida y van por donde ellos quieren. ¿Y cómo acaban? Con "*cabestro y freno*" en las mandíbulas. Y lo mismo nos sucederá a nosotros si nos obstinamos en proceder como ellos. ¿Te empeñas en ser caballo y mulo? ¿Te niegas a cargar con tu jinete? Tu boca y tus mandíbulas acabarán sujetas con bocado y freno, esa misma boca con la que te jactas de tus méritos y callas tus pecados, quedará sujeta. Y no olvides que después del freno viene el látigo, la fusta (…) y si aún con eso sigues resistiéndote, puede que como indómito merezcas ser abandonado a tu libertinaje».

[192] En hebreo בְּמֶתֶג *bǝmeteḡ* de מֶתֶג *metheg*; y וָרֶסֶן *wāresen* de רֶסֶן *resen*.

[193] Se refiere a BIBLIA DE LOS SETENTA (LXX), también conocida como *Septuaginta,* o *Versión Alejandrina.* El nombre de Septuaginta se debe a que solía redondearse a 70 el número total de sus 72 traductores, según cuenta la tradición. Es la principal versión en idioma griego por su antigüedad y autoridad. Su redacción se inició en el siglo III a.C. (c. 250 a.C.) y se concluyó a finales del siglo II a.C. (c. 150 a.C.). Se cree que fue hecha para los judíos que hablaban griego, pues en esa época eran bastante numerosos en Alejandría, aunque la orden provino del rey Ptolomeo II Philadelfo [284-246 a.C.], monarca griego de Egipto, con destino a la biblioteca de Alejandría. El Pentateuco fue traducido en esa época y el trabajo duró dos o tres siglos. Una escuela de traductores se ocupó de los Salmos, en Alejandría, hacia 185 a.C; después tradujeron Ezequiel, los doce profetas menores y Jeremías. Trataron posteriormente los libros históricos (Josué, Jueces, Reyes), y finalmente de Isaías.

mordieran. Jenofonte[194] dice que les permitía respirar, pero les mantenía boca cerrada de modo que no pudieran atacar y morder. Puesto que se desconoce el término técnico equivalente para este artificio, yo lo identifico como bozal. En lo que respecta al verbo ἐγγίζω, que algunas de nuestras versiones traducen como *"se acercan a ti"*, es un término militar, y significa "acercarse con malas intenciones", avanzar para atacar, como suele hacer un enemigo. Este *"se acercan"*, por tanto, hay que entenderlo como un acercarse para causar mal. Así pues la advertencia dada aquí por el salmista es la de someterse a la instrucción y guía dadivosamente prometida por el cielo, y evitar parecerse a los potros salvajes en su disposición rebelde e insumisa, que para dominarlos no basta con una simple brida, sino que sus mandíbulas han de permanecer confinadas dentro de un bozal para evitar que ataquen al jinete cuando intenta cabalgarlos, o al mozo de cuadra cuando los lleva a pastar y los conduce al establo.

SAMUEL HORSLEY [1733-1806]
"The book of Psalms : translated from the Hebrew, with notes, explanatory and critical", 1816

Para que no lleguen a ti.[195] La traducción habitual de esta cláusula[196] *("que no se acerquen a ti"* o *"que no lleguen a ti")* sería apropiada para hablar de una bestia sal-

---

[194] Se refiere al militar, historiador y filósofo griego JENOFONTE [431-354 a.C.] autor de diversas obras sobre la situación, costumbres, y prácticas en la Grecia de su tiempo.

[195] Así traducen la KJV y la RVA.

[196] En hebreo: בַּל קְרֹב אֵלֶיךָ *bal qərōḇ 'êleḵā*. La KJV y algunas otras versiones inglesas traducen: *"lest they come near unto thee"*, "Para que no se acerquen a ti". La RVA traduce *"Para que no lleguen*

vaje, pero siendo que la referencia es a un caballo y un mulo sólo puede significar falta de disposición a obedecer, es decir, que no se acercan a ti por propia voluntad sino que es preciso obligarlos constantemente, coaccionarlos, en ambos sentidos de la palabra, tanto para compulsión como para moderación.

JOSEPH ADDISON ALEXANDER [1809-1860]
"The Psalms Translated and Explained", 1850

No seáis con el caballo o el mulo, que no tienen entendimiento, y cuyo ornamento[197] son una brida y un bocado para dominarlos: no se acercan a ti *de su propia voluntad.*

CHARLES CARTER
"The Book of Psalms", 1869. *A new Translation*

Vers. 10. ***Muchos dolores habrá para el impío; mas al que espera en Jehová, le rodea la misericordia.*** *[Muchos dolores habrá para el impío; mas al que espera en Jehová, le rodea la misericordia. RVR77] [Muchas son las calamidades de los malvados, pero el gran amor del Señor envuelve a los que en él confían. NVI] [Muchos son los dolores del impío, pero al que confía en el SEÑOR, la misericordia lo rodeará. LBLA]*

á ti." La mayor parte de versiones españolas modernas, traducen *"porque si no, no se acercan a ti".*

[197] El término hebreo עֶדְיוֹ *'egyōw* de עֲדִי *'ădíy* (y que la Reina-Valera omite) significa "ornamento". LBLA lo traduce como "arreo": *"cuyos arreos incluyen bocado y freno";* la NVI por "brío": *"cuyo brío hay que domar con brida y freno".*

Muchos dolores habrá para el impío. Como los hay para los caballos rebeldes y mulas obstinadas, que lucen en sus cuerpos numerosas cicatrices de golpes y latigazos. Tanto en este mundo como en el venidero, la porción de los impíos es poco deseable; sus alegrías son evanescentes y pasajeras, mientras que sus dolores y penalidades crecen y se multiplican. Quien siembra pecados cosechará aflicción en gavillas copiosas: el dolor de conciencia, el desengaño y el terror a lo que pueda venir, son la herencia segura del pecador en esta vida; y en la otra, el remordimiento y la desesperación eterna. Que tomen buena nota de ello quienes tanto se jactan de los goces y alegrías de sus pecados presentes, y que mediten en lo que les espera en el futuro.

Mas al que espera en Jehová, le rodea la misericordia.[198] La fe se presenta aquí como lo opuesto a la maldad, ya que es fuente de toda virtud.[199] La fe en Dios es el gran aliviador de las cuitas de la vida, y el que la posee vive en una atmósfera de gracia, rodeado y protegido por los guardaespaldas de la misericordia. Que el Señor nos conceda en todo momento el privilegio de creer y confiar cie-

---

[198] Dice al respecto AGUSTÍN DE HIPONA [353-429]: «A quien presta de entrada oído a las advertencias y se endereza con los castigos, lo rodea después la misericordia; porque el mismo que impone la ley con el castigo es quien otorga la misericordia en los consuelos. Y quien padezca tribulación *"atravesando el valle de lágrimas"* irá *"de fortaleza en fortaleza y verá a Dios en Sión"* (Salmo 84:6-7), porque *"al que espera en Jehová, le rodea la misericordia"*».

[199] Dice al respecto TEODORETO DE CIRO [393-458]: «Todos los seres humanos, aún aquellos cuyo proceder viene adornado por las mejores y más virtuosas obras, tienen necesidad de la gracia divina. Por ello es que el apóstol declara de manera tajante y enfática: *"Por gracia habéis sido salvados por medio de la fe; y esto no proviene de vosotros, pues es don de Dios"*».

gamente en su misericordia, aun cuando no alcancemos a ver las huellas de su labor, pues para el creyente, vivir rodeado por la misericordia divina es vivir cercado y protegido por la omnisciencia, y cada pensamiento y acción de Dios viene perfumado con ella. Los malos tienen a su alrededor una colmena de avispas que les causan *muchos dolores*; nosotros tenemos un enjambre de abejas, produciendo y almacenando miel para nuestro deleite.

C. H. SPURGEON

Mas al que espera en Jehová, le rodea la misericordia. Así como el punto medio de una esfera es su centro y todas las líneas que parten del mismo son equidistantes a su circunferencia, así también el buen cristiano tiene a Dios por circunferencia, y todo lo que piensa, habla o hace, tiende hacia Cristo del cual está rodeado por todas partes.

ROBERT CAWDRAY [1538-1604]
"A Treasurie or Store-House of Similes", 1609

Mas al que espera en Jehová, le rodea la misericordia. Es decir, estará envuelto en misericordia, como nos envuelven el aire o la luz del sol. Hallará misericordia y favor por todas partes: en su hogar y fuera de él, en su patria o en el extranjero, de día o de noche, acompañado o en soledad, en la salud y en la enfermedad, en la vida y en la muerte, en el tiempo y en la eternidad. Andará entre misericordias, vivirá entre misericordias, morirá entre misericordias; habitará en un mundo mejor rodeado de misericordias eternas.

ALBERT BARNES [1798-1870]
"Notes, critical, explanatory, and practical, on the book of Psalms", 1868

Mas al que espera en Jehová, le rodea la misericordia. «Toma buena nota de este texto –dijo Richard Adkins a su nieto Abel que le estaba leyendo el salmo treinta y dos– y fíjate bien en lo que dice: *"Al que espera en Jehová, le rodea la misericordia"*. Leí estas palabras cuando era joven y las creí; y ahora que las escucho de anciano, doy gracias a Dios porque puedo testificar que son ciertas. Créeme, Abel, en medio de los goces y sufrimientos de este mundo, confiar en el Señor es una gran bendición».

"The Christian Treasury", 1848

Vers. 11. *Alegraos en Jehová y gozaos, justos; y cantad con júbilo todos vosotros los rectos de corazón. [Alegraos en Jehová y gozaos, justos; y cantad con júbilo todos vosotros los rectos de corazón.* RVR77] *[*¡Alégrense, ustedes los justos; regocíjense en el Señor! ¡canten todos ustedes, los rectos de corazón! NVI] *[Alegraos en el Señor y regocijaos, justos; dad voces de júbilo, todos los rectos de corazón.* LBLA]

Alegraos. La felicidad no es sólo un privilegio, sino también nuestro deber y obligación. Ciertamente servimos a un Dios generoso, ya que hace que ser felices y estar gozosos sea parte de nuestra obediencia. ¡Qué pecaminosas son, por tanto, nuestras rebeldías y murmuraciones! Se cuenta de un reo que murió al pie del patíbulo de la emoción y la inmensa alegría que le produjo recibir el perdón de su monarca. ¿Acogeremos nosotros el perdón gratuito del Rey de reyes de mala gana, con mal humor, con malas caras, refunfuñando y languideciendo en la tristeza? ¡Es del todo inadmisible e inexcusable!

En el Señor. He aquí el referente que preserva a la alegría de caer en la frivolidad. No podemos sentirnos felices en el pecado y encontrar consuelo en las cosas terrenales, en la comida y la bebida, en el pan, el vino o el aceite;[200] antes bien, el jardín de las delicias de nuestra alma ha de ser Dios mismo. Nuestro gozo ha de provenir de saber que hay un Dios, y que ese Dios es nuestro Dios y nuestro para siempre, nuestro Padre y nuestro Señor reconciliado con nosotros. Y ello es motivo suficiente para entonar un salmo inacabable de gozo extático.

Y gozaos, justos. Redoblad vuestro regocijo, tañed y tañed campanas. Puesto que Dios ha vestido a sus cantores con vestiduras blancas de santidad, que no retengan ni repriman sus voces gozosas, que canten a todo pulmón y griten de alegría como quien ha encontrado un valioso tesoro.

Y cantad con júbilo todos vosotros los rectos de corazón. Nuestra felicidad debe ser exteriorizada, efusiva y demostrativa. El amor melancólico, frío y apagado, reprime a menudo la noble llama de la alegría y hace que las personas se limiten a susurrar decorosamente sus alabanzas, cuando lo más propio y natural sería una explosión de alegría y un arrebato de cánticos gozosos. Es preocupante que la iglesia de nuestros días, en su obsesión por el comportamiento correcto y apropiado, se haya vuelto excesivamente artificial. En los cultos y reuniones de antaño, las interrupciones de preguntones y gritos de alegría de los creyentes eran cosa habitual; hoy en día si alguien los intentara sería acallado de inmediato. Puede que sea mejor esto último que transformar el culto el una algarabía y un bullicio caótico, pero tanto peligro hay en

---

[200] Jeremías 31:12; Oseas 2:22; Joel 2:9; Hageo 2:12.

una dirección como en la otra. Por lo que a mí respecta, un poco de bullicio santo siempre me conmueve el corazón, y cuando veo a personas piadosas que dando rienda suelta a su gozo se saltan un poco los estrechos los límites del decoro, me guardo mucho de mirarlas con espíritu crítico o burlón, como la hija de Saúl, Mical, hizo con David.[201] Fijémonos cómo los perdonados son identificados aquí como *"rectos de corazón"*, justos y libres de engaño. Una persona puede tener muchos defectos, y a pesar de ello, ser salva; pero un corazón falso y engañoso es señal inequívoca de condenación. La persona de procedimientos tortuosos, que actúa con doblez, astucia y deshonestidad, no es salva y probablemente nunca lo será. Pues el terreno que da buena cosecha cuando la semilla de la gracia es sembrada en él, puede que mantenga algún resto de maleza y desperdicios, pero el Señor nos dice que es *"de corazón bueno y recto"*, es decir *"buena tierra"*[202]. La experiencia me ha demostrado que las personas de lengua sibilina, doblez de carácter, conducta engañosa y procedimientos falaces, son las que menos probabilidades tienen de salvarse. Porque allí donde la gracia divina ha penetrado de veras, restaura de inmediato la mente y la endereza a su propia perpendicular: corrigiendo las curvas del vicio, deshaciendo los nudos del engaño, y eliminando todos los recodos de deshonestidad. ¡Qué salmo tan encantador es éste! Amigo lector, mientras te extasiabas con su lectura ¿has alcanzado a reclamar tu propia parcela de buena tierra? Si es así, anuncia a los demás el camino de salvación.

C. H. Spurgeon

---

[201] 2ª Samuel 6:14-23.
[202] Lucas 8:15.

Alegraos en el Señor y regocijaos, justos; dad voces de júbilo, todos los rectos de corazón. Esta exhortación consta de tres partes. En primer lugar, a lo que el salmista nos exhorta: *alegrarnos y regocijarnos.* En segundo lugar, a quienes va dirigida la exhortación: *a los justos y rectos.* Y en tercer lugar, los límites de su alegría: *en el Señor.* Y los exhorta a que hagan tres cosas: a que se alegren, se regocijen y den voces de júbilo. Así como anteriormente hace referencia a una bendición triple: *"te haré entender, te enseñaré, te guiaré con mis ojos"* (32:8), aquí también menciona un gozo triple: *"alegraos, regocijaos, dad voces de júbilo".* Prestemos por tanto especial atención a dos cosas importantes:

1. Ante todo, a la **terquedad y embotamiento de nuestra naturaleza humana,** que como los caballos y mulos remisos, precisa de numerosas provocaciones y estímulos hacia las cosas espirituales. Por propia naturaleza nos inclinamos más a las cosas carnales –para esas no precisamos motivación alguna–, que a las cosas espirituales, respecto a las cuales solemos sumirnos en un letargo profundo del que no logramos despertar al primer grito. Como a quienes han bebido en exceso y es necesario sacudirlos y remojarlos para que abran los ojos, así también a los borrachos de placeres del pecado, como bien dice Nacianceno,[203] hay que despertarlos con numerosas y diversas exhortaciones; razón por la que el propio salmista redobla sus exhortaciones en este mismo sentido en el salmo que sigue, el treinta y tres; y el apóstol

---

[203] Se refiere a GREGORIO NACIANCENO [330-390], uno de los cuatro grandes Doctores de la Iglesia Griega, conocido como "El Demóstenes Cristiano" por el encanto de su elocuencia y como "El Teólogo" por la profundidad de su doctrina. Es uno de los Padres Capadocios y cooperó con San Basilio y San Gregorio de Nicea para derrotar la herejía arriana.

exhorta a los Filipenses diciéndoles: *"Regocijaos en el Señor siempre: otra vez digo: ¡Regocijaos!"*[204]

2. Y en segundo lugar observemos cómo **la exhortación del salmista es progresiva**, constituye un *crescendo,* va en aumento: la palabra *"alegraos"* en el original hebreo[205] tiene el sentido de un gozo interior abundante producido por la realidad presente o esperanza futura de algo especialmente deseable y bueno; la palabra siguiente, *"regocijaos"*[206], es expresar nuestra alegría mediante gestos externos, y a menudo se relaciona con la danza, como cuando dice: *"Los collados saltan de alegría"*[207]; y finalmente la expresión *"dar voces de júbilo"*[208] es la alegría manifestada en su expresión extrema, como llorar de gozo o cantar la lengua del mudo.[209] Esta gradación progresiva nos enseña la naturaleza del gozo espiritual, que va aumentando gradualmente en nosotros hasta alcanzar el clímax, la perfección de toda alegría, descrita aquí mediante la figura de *"dar voces de júbilo"* o, por decirlo de otro modo, el griterío de triunfo que sigue y acompaña a la victoria.

Este salmo penitencial, que comienza narrando las angustias derivadas de ocultar el pecado, termina describiendo el gozo de los verdaderos penitentes, de aquellos que habiéndose arrepentido, han vencido al pecado y a

---

[204] Filipenses 4:4.

[205] En hebreo שִׂמְחוּ *śimḥū* de שָׂמַח *samach.*

[206] En hebreo וְגִילוּ *wəḡîlū* de גִיל *gil.*

[207] Salmo 65:12. La KJV traduce *"The hills skip for gladness"*, "Los collados saltan de alegría", aunque la mayoría de versiones españolas traducen *"se ciñen de alegría"*. La NVI, *"se visten de alegría"*.

[208] En hebreo וְהַרְנִינוּ *wəharnînū* de רָנַן *ranan.*

[209] Isaías 35:6.

Satanás en combate espiritual, y han triunfado sobre ellos, dejándoles atrás cual enemigos derrotados y sometidos.

ARCHIBALD SYMSON [1564-1628]
"A Sacred Septenarie or A godly and fruitful exposition on
the seven Psalmes of repentance", 1623

Alegraos en el Señor y regocijaos, justos; dad voces de júbilo, todos los rectos de corazón. El único ser vivo capaz de experimentar gozo legítimamente, es el creyente. ¿Pensáis acaso que los hombres encuentran placer en sus pecados? No, porque esa es alegría del diablo.[210] ¿Que se regocijan en sus graneros repletos y bolsas rebosantes? No, porque esa es alegría de necios.[211] ¿O que se alegran con el vino y demás manjares que deleitan su paladar? No, porque esa es alegría de *Bedlam*.[212] Leed y creed lo que dice Eclesiastés: *"Propuse en mi corazón agasajar mi carne con vino (...) y he aquí, todo era vanidad y aflicción de espíritu"*[213]. Ciertamente en los versículos del uno al once del primer capítulo de Eclesiastés, y de hecho a lo largo de todo

---

[210] Hebreos 11:24-25.

[211] Lucas 12:16,21.

[212] Tradicionalmente en ingles el término *Bedlam* equivale a "locura" o "enfermedad mental". Va asociado al nombre popular dado por los habitantes de Londres al *Bethlem Royal Hospital,* el primer hospital para enfermos mentales de Europa, fundado en el año 1247 durante el reinado de ENRIQUE III [1207-1272]. El objetivo del mismo, unido a las malas prácticas y el maltrato recibido en la institución por los pacientes, asoció el sentido de la palabra *Bedlam* a un lugar de locura y sinónimo de "confusión, alboroto, griterío, tumulto". En nuestro caso, el sentido en español sería *"es una alegría de locos"* o *"es más bien locura"*.

[213] Eclesiastés 2:3.

el libro, encontramos la filosofía más sublime y divina que haya existido y existirá jamás en este aspecto.

CHRISTOPHER FOWLER [1610-1678]
"Morning Exercises"

Dad voces de júbilo, todos los rectos de corazón. Cuando el poeta Carpani[214] inquirió de su amigo Haydn[215] por qué su música religiosa era tan alegre, el compositor le dio una hermosa respuesta: «No puedo hacerla de otra *manera. Escribo mi música basándola en aquello que pienso y los sentimientos que ello me inspira; y cuando pienso en Dios, mi corazón se siente tan lleno de gozo que las notas saltan y bailan saliendo de mi pluma. Puesto que Dios me ha dado un corazón alegre, me perdonará si le sirvo con un espíritu alegre».*

JOHN WHITECROSS
"Anecdotes illustrative of the Old Testament"[216]

---

[214] Se refiere al escritor y poeta italiano GIUSEPPE CARPANI [1751-1825], muy relacionado con el mundo de la música clásica por ser amigo personal de grandes compositores como HAYDN [1732-1809], BEETHOVEN [1770-1827], ROSINI [1792-1868] o SALIERI [1750-1825], con quienes colaboró estrechamente como escritor lírico, traductor y biógrafo. Gran amigo personal de Haydn, fue el encargado de traducir al italiano su famosa obra *La Creación,* y escribió su biografía, conocida como *Le Haydine.*

[215] Se refiere al gran compositor austríaco JOSEPH HAYDN [1732-1809], conocido como el «Padre de la sinfonía» y «Padre del cuarteto de cuerda».

[216] Spurgeon recomendaba encarecidamente sus estudiantes los libros anécdotas de John Whitecross para ilustrar sermones, como leemos en su famosa obra *"Discursos a mis estudiantes"*

Alegraos en el Señor. El hombre carnal, que se agarraría con agrado y fácilmente a este versículo cuando dice *"Alegraos"*, se ve súbitamente frustrado cuando ve que añade *"en el Señor"*. Por el contrario, a aquellos zarandeados por los vientos y tempestades de tribulaciones de este mundo se les hace difícil engullir cuando dice *"Alegraos"*, pero se agarrarán a él con ganas cuando ven que añade: *"¡En el Señor"*.

HENRY AIRAY [1560-1610]
"Lectures upon the whole Epistle of St. Paul to the Phillippians, delivered in St. Peter's church in Oxford", 1864

Alegraos en el Señor y regocijaos, justos; dad voces de júbilo, todos los rectos de corazón.
¡Cantad a este Rey radiante y glorioso!
¡Y todo cuanto respira alabe su nombre!
¡Voces y corazones resuenen cual campanas de plata
Proclamando el consuelo que este día nos trae! [217]

ALEXANDER MOODY STUART [1809-1848]
citando a Kinwellmersh

---

[217] Cita a la cuarta estrofa de un conocido himno de Navidad conocido como *"From Virgin's womb this day did spring"* (primera línea de la primera estrofa). En inglés original, la estrofa dice: *"O sing unto this glittering glorious King. / O praise his name let every living thing; / Let heart and voice, like bells of silver, ring / The comfort that this day doth bring"*. La mayoría de himnólogos modernos lo dan como de autor desconocido. Fue publicado por primera vez en una colección de poemas recopilada en 1576 por poeta y compositor FRANCIS KINWELMERSCH [¿?-1580] titulada *"The Paradise of Dainty Devices"*. Posteriormente apareció en un himnario compilado por famoso compositor WILLIAM BYRD [1543-1623] para la Capilla Real *(Queenes Maiesties honorable Chappel)* en 1589.

Alegraos en el Señor y regocijaos, justos; dad voces de júbilo, todos los rectos de corazón. Cuenta el famoso historiador romano Tulio[218] concerniente a Siracusa, que no hay un solo día a lo largo de todo año, por muy nublado y tormentoso que parezca, en el que sus habitantes se queden sin gozar unos instantes de la caricia de un rayo de sol. Una observación fácilmente aplicable con toda propiedad a los Salmos de David, en los que abundan las quejas y lamentaciones, insiste en sus temores y tribulaciones, pero no hay uno solo de ellos donde la oscuridad sea tan densa y la desesperación tan espesa como para que no alcancemos fácilmente a vislumbrar en algún recodo del mismo un rayo de sol de esperanza: expresiones de consuelo que dejan entrever claramente su fe y su confianza en Dios. Si bien al inicio de uno que otro salmo podemos verle un tanto inquieto en sus incertidumbres, cual la paloma de Noé, que volando sobre la multitud de las aguas no hallaba dónde posarse;[219] también al igual que esa paloma, antes de concluir el salmo le veremos regresar con una hoja de olivo en el pico y posarse sobre el arca.[220] Si en otro salmo lo contemplamos tambalearse en medio de sus angustias y prevalecer en él circunstancialmente los temores humanos, pronto lo vemos recobrar de nuevo el equilibrio apoyado en los argumentos de la fe, cuyas realidades y evidencias presentan mayor solidez y se elevan a mayor altura que los embates timoratos que parten de las dudas de la carne. Y si en algún otro momento le vislumbramos cual barco a la deriva, sacudido con fiereza por los

---

[218] Se refiere a Marco Tulio Cicerón [106- 43 a.C.], jurista, político, filósofo, escritor y orador romano. Es considerado uno de los más grandes retóricos y estilistas de la prosa en latín.
[219] Génesis 8:9.
[220] Génesis 8:1.

vientos de la inconsistencia y zarandeado por las olas de la contradicción, con todo, no tardaremos en descubrir que en su deriva, sus balanceos y agitaciones no hacen sino arrastrarle a tierra firme, a puerto protegido desde donde zarpar de nuevo en paz y seguridad absolutas.

WILLIAM SPURSTOWE [1605-1666]
en uno de sus sermones

COLECCIÓN LOS SALMOS

Salmo 19
La Creación. Salmo de la creación

Salmo 23
Salmo del pastor

Salmo 27
La Confianza. Confianza triunfante y suplicante

Salmo 32
El Perdón. Salmo Paulino

Salmo 37
La Impaciencia. Antídoto contra la impaciencia

Salmo 84
La Alabanza. La perla de los Salmos

Salmo 90
El Tiempo. De generación en generación